zu Klampen

PETER-ERWIN JANSEN, Jg. 1957, ist Journalist im Bereich der politischen Erwachsenen- und Jugendbildung. Er lebte längere Zeit in den Vereinigten Staaten von Amerika. Neben zahlreichen Publikationen zu politischen und sozialphilosophischen Themen veröffentlichte er: *Befreiung denken – ein politischer Imperativ. Ein Materialienband zu Herbert Marcuse*, (Hg.), Offenbach 1990; *Streiflichter aus Amerika. Essays zu Gesellschaft und Gewalt, Interviews zum Kommunitarismus*, Frankfurt 1997.

DETLEV CLAUSSEN, Jg. 1948, ist Professor für Soziologie an der Universität Hannover. Er ist Autor und Herausgeber zahlreicher Bücher, unter anderen: *Spuren der Befreiung – Herbert Marcuse. Ein Materialienbuch zur Einführung in sein politisches Denken*, Darmstadt und Neuwied 1981; *Grenzen der Aufklärung. Die gesellschaftliche Genese des modernen Antisemitismus*, Frankfurt 1987; *Was heißt Rassismus?*, Darmstadt 1994.

Herbert Marcuse

Feindanalysen

Über die Deutschen

herausgegeben von Peter-Erwin Jansen
und mit einer Einleitung von Detlev Claussen

zu Klampen

Erste Auflage 1998
zu Klampen Verlag
Postfach 1963, 21309 Lüneburg
Tel.: 04131/73 30 30; Fax: 04131/73 30 33
Druck: Duo-Druck, Leipzig
Umschlagentwurf: C.-P. von Mansberg

Die Deutsche Bibliothek – CIP-Einheitsaufnahme:

Marcuse, Herbert:
Feindanalysen : über die Deutschen / Herbert Marcuse.
Hrsg. von Peter-Erwin Jansen.
Mit einem Vorw. von Detlev Claussen.
Aus dem Amerikan. von Michael Haupt. -
1. Aufl. - Lüneburg : zu Klampen, 1998

ISBN 3-924245-68-1

Inhalt

Vorwort

Am 15. Juli 1944 erreichten Herbert Marcuse in Washinghton D.C. Max Horkheimers Glückwünsche zu seinem 46. Geburtstag: »Dieses Jahr scheint sich der Horizont an Ihrem Geburtstag aufzuhellen. Der Feind der Menschheit liegt in den letzten Zügen, und es sieht so aus, als könnten wir bald in Frieden arbeiten. Von Triumph kann jedoch keine Rede sein. Zu viele unserer Lieben wurden von Folter, Verzweiflung, Tod und beispiellosen Hekatomben heimgesucht, und da die meisten geistigen und materiellen Werte, die wir schätzen, vernichtet sind, erreichen uns die guten Nachrichten in einem elenden Zustand. [...]«[1]

Nach mehrmonatigen Überlegungen hatte sich Marcuse Ende des Jahres 1942 entschieden, eine Stelle beim Office of War Information (OWI) und kurze Zeit später bei der politischen Abteilung des Office of Strategic Services (OSS), beides Unterabteilungen des amerikanischen Geheimdienstes, anzunehmen. Mit Hilfe zahlreicher europäischer, besonders deutscher Intellektueller und Wissenschaftler wurde »der Feind der Menschheit« aus den Schaltzentralen der amerikanischen Macht heraus beobachtet und analysiert. Ziel war es, ihn schnellstmöglich zu zerstören, die politisch Verantwortlichen und die gesellschaftlichen Stützen des Nazisystems zu identifizieren und zur Rechenschaft zu ziehen, aber auch die Kräfte zu benennen, die für den Aufbau eines demokratischen Deutschlands zur Verfügung stehen könnten.

Die Erfahrungen aus dem OSS vor Augen fiel Marcuses Antwort auf Horkheimers zögerlichen und depressiven Optimismus noch etwas düsterer aus. Er schrieb im Brief vom 16. August 1944: »Wenn wir wüßten, daß mit dem Zusammenbruch Deutschlands die ›bösen Mächte‹ eliminiert wären, dann wäre es tatsächlich ein heller Horizont, der sich vor uns abzeichnete. Aber wir wissen es besser, und alle Anstrengungen können vergebens sein, sogar für die Generationen, die noch kommen. Wie auch immer, Wunder können geschehen. So fühle ich es. Was wir hier [im OSS, P.-E. Jansen] tun können, um eine halbwegs sensible Politik auf den Weg zu bringen, tun wir, und wenigstens einige Dinge scheinen in das Denken und Tun der »jeweiligen Verantwortlichen« einzudringen.«[2]

Vierundfünfzig Jahre nach diesem Briefwechsel und anläßlich Marcuses 100. Geburtstags am 19. Juli 1998 erscheint nun diese kleine Textsammlung zu einem Thema, das auch fünf Jahrzehnte nach der Zerschlagung Nazideutschlands die öffentliche Diskussion bestimmt: die Verbrechen des nationalsozialistischen Deutschlands und deren Auswirkungen auf die aktuelle politische Debatte und Situation. Was waren damals die Bedingungen und Konstellationen für eine »deutsche Mentalität«, die aus dem »deutschen Träumer« und »Idealisten« bald schon einen »brutalen Pragmatiker« hat werden lassen. Mit »zynischer Sachlichkeit« und um des eigenen materiellen Vorteils willen wurde alles konsequent durchkalkuliert: vom einzelnen Mord bis zur Massenvernichtung.

Der weitaus größte Teil der dokumentierten Texte entstand in direktem Zusammenhang mit Marcuses Arbeit beim OWI und OSS. Er schrieb sie zwischen 1939 und 1947 und alle, bis auf die »33 Thesen«, in englischer Sprache. Der Band ist die erste thematisch geschlossene Veröffentlichung von Manuskripten aus dem Nachlaß Herbert Marcuses. Allerdings kann auch er für diese Periode von Marcuses Schaffen nicht den Anspruch auf Vollständigkeit erheben. Bisher sind nur vereinzelt Manuskripte oder Briefe Marcuses publiziert worden, wie der größte Teil der Marcuse-Horkheimer- und Teile der Heidegger-Korrespondenz aus den Jahren 1947/1948 sowie der Vortrag »Ökologie- und Gesellschaftskritik« aus dem Jahre 1977.[3] Fünf Jahre nach Marcuses Tod am 29. Juli 1979 in Starnberg überließen die Erben Peter Marcuse, Sohn Herbert Marcuses und Marcuses dritte, mittlerweile verstorbene Ehefrau Erica Sherover, den gesamten wissenschaftlichen Nachlaß des kritischen Theoretikers der Stadt- und Universitätsbibliothek Frankfurt am Main. Die erste Sichtung erfolgte im Jahr 1984 in Kalifornien. Noch im selben Jahr wurde der Nachlaß nach Frankfurt gebracht und mit Unterstützung der Deutschen Forschungsgemeinschaft begonnen, das umfangreiche Material zu ordnen und zu erfassen. Der Bestand, der heute inventarisiert und katalogisiert ist, umfaßt 40.000 Blatt. Darunter befinden sich – teilweise handschriftlich – Briefe, Werkmanuskripte, Vorlesungskonzeptionen, unveröffentlichte Reden, Vorträge, Interviewmanuskripte und zahlreiche Zeitungsausschnitte. Zum Nachlaß gehört außerdem Marcuses gesamte Bibliothek, die allerdings bis heute noch in Kisten verpackt ist und wahrscheinlich erst im Laufe dieses Jahres gesichtet und erfaßt wird. Im Gegensatz zu den USA, wo gerade der erste Band einer auf insgesamt sechs Bände angelegten Ausgabe mit zahlreichen unveröffentlichten Schriften aus dem Nachlaß erschienen ist, fand sich in Deutschland noch kein Verlag, der sich dem Nachlaß Herbert Marcuses verpflichtet fühlt. Die *Feindanalysen. Über die Deutschen* konnten nur durch die Initiative Einzelner entstehen. Nicht nur deshalb freue ich mich besonders, daß es uns gelungen ist, mit diesem Band sowohl an Marcuses 100. Geburtstag zu erinnern als auch an die intellektuelle und politische Anstrengung, die mit dem Gemeinschaftsprojekt der kritischen Theorie verbunden ist.

An dieser Stelle möchte ich mich bei all denen bedanken, die mich bei der Realisierung dieses Buches unterstützt haben. An erster Stelle ist hier Peter Marcuse zu nennen. Ohne seine generöse Zustimmung zum Abdruck der hier versammelten Texte wäre dieser Band nicht zustande gekommen. Besonderer Dank gilt ferner dem Herausgeber der amerikanischen Ausgabe Prof. Dr. Douglas Kellner. Er unterstützte mich in vielen Situationen. Unsere Gespräche über sein amerikanisches Projekt waren äußerst hilfreich. Nicht nur für die zahlreichen Diskussionen über Herbert Marcuses Denken und seine Mitarbeit an diesem Band bedanke ich mich bei Prof. Dr. Detlev Claussen. Jochen Stollberg, Leiter des Archivzentrums der Stadt- und Universitätsbibliothek Frankfurt am Main, hat sich weit über sein »Dienstsoll« hinaus für das Zustandekommen dieses Bandes engagiert. Dafür und für seine bemerkenswerte Freundlichkeit möchte ich ihm meinen Dank aussprechen. Äußerst hilfreich war ferner Berit Sörensens beratende Stimme bei allen redaktionellen Fragen.

In einem Brief an Rudi Dutschke vom 31. Juli 1979 fragt Peter Marcuse, »wie man unter den gegenwärtigen politischen Umständen in diesem Deutschland Herbert Marcuses Vermächtnis am besten treu bleiben könnte?«. Es bleibt zu hoffen, daß Peter Marcuse und diejenigen, die sich mit Herbert Marcuses Denken weiter beschäftigen wollen oder neu dafür zu interessieren beginnen, bald eine zufriedenstellende Antwort auf diese Frage erhalten werden. Die hier vorliegende Textsammlung ist hoffentlich zum richtigen Zeitpunkt ein Schritt in die richtige Richtung.

Peter-Erwin Jansen,
im März 1998

Anmerkungen

1 Max Horkheimer, *Gesammelte Schriften*, hrsg. v. Alfred Schmidt und Gunzelin Schmid Noerr, Bd. 17, Frankfurt am Main, 1996, S. 560.
2 Unveröffentlichter Brief aus dem Marcuse-Archiv, Frankfurt am Main. Übersetzung Peter-Erwin Jansen.
3 Marcuse-Horkheimer Korrespondenz in: *Gesammelte Schriften*, Bde. 15-19, Frankfurt am Main 1995/96; Heidegger-Briefwechsel zuerst in: *Pflasterstrand* Nr. 279/280, 1988 und in: Peter-Erwin Jansen (Hg.), *Befreiung denken – Ein politischer Imperativ. Ein Materialienband zu Herbert Marcuse*, Offenbach 1990. Dort auch: ›Ökologie und Gesellschaftskritik.‹

Detlev Claussen

Kopf der Leidenschaft

Herbert Marcuses Deutschlandanalysen

»Krieg den deutschen Zuständen! ... Sie stehen unter dem Niveau der Geschichte, sie sind unter aller Kritik ... Mit ihnen im Kampf ist die Kritik keine Leidenschaft des Kopfs, sie ist der Kopf der Leidenschaft.«

Karl Marx 1844

Auf Marcuses Manuskript *The New German Mentality* vom Juni 1942 ist als Anschrift Santa Monica, Calif. durchgestrichen und mit Hand ist c/o F. Neumann, 403 West 115, New York City hinzugefügt worden. Während Adorno und Horkheimer – »Weit vom Schuß«, wie Adorno in den *Minima Moralia* schrieb – in Kalifornien die *Dialektik der Aufklärung* formulierten, hatte sich Herbert Marcuse für den Dienst im antifaschistischen Kampf entschieden. Wie sein Freund Franz Neumann trat er in den ersten US-amerikanischen Geheimdienst ein – in den OSS, der in Washington D.C. seine Baracken aufgeschlagen hatte.[1] Die Wege der kritischen Theoretiker im Exil hatten sich getrennt: In Kalifornien aber wurden ebenso wie in Washington enorme intellektuelle Anstrengungen unternommen, um zu begreifen, was in Europa geschah und welche Konsequenzen daraus zu ziehen seien.

Die gemeinsame Wurzel der kalifornischen und der Washingtoner Aktivitäten liegt in der vorangegangenen Praxis des Instituts für Sozialforschung an der New Yorker Columbia Universität, in dem auch die ersten Papiere Marcuses zum Nationalsozialismus entstanden sind. Das Überwintern der aus Deutschland geflohenen kritischen Theoretiker im US-amerikanischen Exil ist schon immer geheimnis-, wenn nicht geheimdienstumwittert gewesen. Der Name Kritische Theorie läßt sich sinnvoll auf Max Horkheimer als ihren Begründer zurückführen. Sein auf die deutschsprachige Emigration programmatisch wirkender Aufsatz »Traditionelle und kritische Theorie« erschien 1937 in der im Exil fortgeführten *Zeitschrift für Sozialforschung*. Konstitutiv für die Kritische Theorie ist die Erfahrung einer *gescheiterten* Revolution. Das gilt nicht erst für die weltgeschichtliche Zäsur, die mit den »Moskauer Prozessen« von 1936 gekommen war.

Von der Wissenschaftsgeschichtsschreibung vernachlässigt wurde das *Scheitern der Revolution* als entscheidender Impuls kritischer Theoriebildung schon zu Zeiten der Weimarer Republik. Das Gründungsjahr des Frankfurter Instituts für Sozialforschung 1923 fällt definitiv mit dem Ende der revolutionären Kämpfe in Deutschland zusammen. Ohne die zielstrebige Initiative von Max Horkheimer und seinem Freunde Friedrich Pollock, die auch mit Felix Weil den entscheidenden Geldgeber fanden, wäre es nie zur Institutsgründung gekommen. Nicht die Hoffnung auf eine unmittelbar bevorstehende Revolution motivierte sie, sondern eben die Erfahrung des Scheiterns machte ein neues Nachdenken über die Revolution notwendig. Erst die Distanz zur Alltagspraxis der politischen Bewegungen ermöglichte Kritische Theorie. Max Horkheimer wird dieser Zusammenhang erst später im Exil wirklich bewußt, und erst dort erfindet er auch den Namen Kritische Theorie. Horkheimers genuine politische Leistung besteht in der bewußten organisatorischen Trennung der Theorie von der Macht. Das unterscheidet ihn von bedeutenden intellektuellen Köpfen zur Zeit der Weimarer Republik – Ernst Bloch, Georg Lukács und Karl Korsch, die alle in schier endlose Beziehungsgeschichten mit der Kommunistischen Partei verstrickt blieben.

Horkheimer und Pollock verstanden es vor 1933 geschickt, den Einfluß der Sozialdemokratie vor allem in Preußen zu nutzen, ohne deren Programm zu teilen. Skeptisch standen die Frankfurter lange vor 1933 beiden Strömungen der Arbeiterbewegung gegenüber, die nicht nur den Aufstieg des Nationalsozialismus in Deutschland nicht hatten verhindern können. Die Erfahrungen der Novemberrevolution 1918, die nach den Worten des Revolutionärs Karl Retzlaff treffender als Novembersturz des Hauses Hohenzollern zu bezeichnen ist, gaben nachdenklichen Menschen ebenso wenig Anlaß zu Hoffnungen auf eine neue tiefgreifendere Revolution wie die erschreckenden Nachrichten aus dem nachrevolutionären Rußland. Vom neu gegründeten Institut unternommene soziologische Untersuchungen machten auf die Diskrepanz zwischen alltäglichen Einstellungen von Arbeitern und Angestellten und ihren politischen Konfessionen aufmerksam. Die Entdeckung der später am US-amerikanischen Material erhärteten »Authoritarian Personality«, des Autoritären Charakters, fällt schon in die Weimarer Zeit. Er wurde gerade nicht – wie in späteren Verballhornungen – auf einen angeblichen deutschen »Volkscharakter« zurückgeführt. Horkheimer machte *Autorität* als Dreh- und Angelpunkt einer Vermittlung von Gesellschaftstheorie und psychoanalytisch reflektierter Sozialpsychologie zum zentralen Forschungsgegenstand des Instituts.

Herbert Marcuse kam erst nach 1933 zum Institut.[2] Seine Erfahrungen mit der Novemberrevolution von 1918 waren, wie er auch noch im Alter hervorhob, praktischer Art. Marcuse hatte die Praxis der Sozialdemokratie in Berlin am eigenen Leib als Teilnehmer der Rätebewegung erfahren. Er gab der SPD eine Mitschuld an der Ermordung von Rosa Luxemburg und Karl Liebknecht. Das Auseinanderfallen von politischer Rhetorik und konkreter individueller Existenz veranlaßte Marcuse, nach neuen philosophischen Begriffen zu suchen. Marcuses ernsthaftes Studium von Heideggers Philosophie belegt ihre Aktualität nach dem Zusammenbruch der neoidealistischen Renaissancen. Noch in seinem Skript über *Deutsche Philosophie im zwanzigsten Jahrhundert* (1940) erscheint Heidegger weder nur als großer Philosoph noch als bloßer Nazi. Marcuse ist wirklich einer »neuen deutschen Mentalität« auf der Spur. Seine lebensgeschichtliche Erfahrung mit der Kriegs- und Nachkriegsgeneration im Deutschland nach 1914 brachte Marcuse auf eine richtige Fährte. Der Nationalsozialismus wird in seinen Analysen weniger aus der deutschen nationalkulturellen Kontinuität begründet, sondern eher aus dem Bruch mit der Tradition.

Die aus dem Nachlaß von Peter-Erwin Jansen zusammengestellten Schriften zeigen keinen ganz anderen Marcuse, sondern den vergessenen, den der sozialen Amnesie Anheimgefallenen. Mit dem allgemeinen Affekt gegen »68« ist auch er auf den Kehrichthaufen der Feuilletons geworfen worden. Über seine Rolle in den USA und Deutschland um 1968 existieren mehr oder weniger falsche Gerüchte, die sogar Eingang in die Werke renommierter Intellektueller gefunden haben. Texte wie die hier edierten bringen wieder an den Tag, warum Herbert Marcuse unter jungen Intellektuellen in Deutschland Mitte der sechziger Jahre eine solche Verehrung genoß. 1964 hielt Herbert Marcuse auf dem 15. Deutschen Soziologentag in Heidelberg eine Rede über »Industrialisierung und Kapitalismus im Werk Max Webers«, die ihn zum Geheimtip bei der jungen sozialwissenschaftlichen Intelligenz Deutschlands machte. In dieser Rede tauchen nahezu alle die kritischen Momente auf, die schon in Marcuses Arbeiten aus den dreißiger und vierziger Jahren zu finden sind. Herbert Marcuse trat gleichzeitig als Deutschlandkritiker und als Kritiker einer eindimensional verkürzten Moderne auf.

Sein 1964 auf englisch erschienenes Buch *Der eindimensionale Mensch* wurde nicht nur in Deutschland, sondern auch in den USA als Schlüsselbuch der sechziger Jahre angesehen. Nach dem Pariser Mai 1968 war das Bedürfnis der Öffentlichkeit nach intellektuellen Vätern der weltweiten Revolte so groß, daß man in Marcuse den Kopf hinter den leidenschaftlichen Protestbewegungen zu erkennen glaubte. Der täuschende Schein, Herbert Marcuse habe mit seiner intellektuellen Arbeit die Revolte ausgelöst, konnte nur aufkommen, weil er über Jahrzehnte eben die Realitätsmomente herausgearbeitet hatte, die um 1968 in der gesamten westlichen Welt zum Stein des Anstoßes wurden. Mitte der sechziger Jahre kam – ausgelöst durch das Erschrecken über den Vietnamkrieg – unübersehbar ans Tageslicht, daß die antifaschistische Legitimation, von der die westliche Welt seit dem Kampf gegen Hitlerdeutschland gezehrt hatte, unglaubwürdig geworden war. Die Analysen Marcuses erinnerten wieder an den antifaschistischen Impuls, der dem American Way of Life nach 1945 seine politisch überzeugende Gestalt gegeben hatte. Die Kinder der Re-education erkannten in Marcuses Arbeiten die Sprache der Befreiung wieder. Deswegen wirkte er in Deutschland auf besondere Weise.[3]

In der Tat: An der Analyse Deutschlands hat Marcuse die Kategorien gewonnen, mit denen er den Übergang in ein nachliberalistisches Zeitalter beschreibt. Für einen Moment nämlich – von der Mitte der dreißiger bis Mitte der vierziger Jahre – stand Deutschland im Mittelpunkt der Weltgeschichte. Die politisch-intellektuellen Interessen des aus Deutschland vertriebenen »Instituts für Sozialforschung« und die Erkenntnisinteressen des amerikanischen Geheimdienstes trafen sich für einen kurzen Zeitraum. So kam es zu einer einmaligen Konstellation: Das demokratische Amerika, das sich in einem militärisch ausgefochtenen Existenzkampf mit Hitlerdeutschland befand, finanzierte raffinierte, von emigrierten Intellektuellen durchdachte Gesellschaftsanalysen des Feindeslandes, mit denen man hoffte, den Krieg siegreich führen und danach das besiegte Land sinnvoll umgestalten zu können. Später hat Herbert Marcuse nur noch abgewunken oder gelacht, wenn er darauf angesprochen wurde, welcher Gebrauch von seinen Analysen für die US-amerikanische Nachkriegspolitik in Deutschland gemacht wurde. Die »gesellschaftlichen Stützpfeiler« des Nationalsozialismus, von denen Marcuse in dem Memorandum von 1942 sprach – Großindustrie und Regierungsbürokratie –, hat die amerikanische Militärverwaltung jedenfalls nicht eingerissen. Den Zwang, Deutschland als Bündnispartner im Kalten Krieg zu gewinnen, bekamen auch die antifaschistischen »enemy aliens«, die nach Auflösung des OSS ins State Department wechselten, bald zu spüren. Marcuses zeitweiliger Vorgesetzter H. Stuart Hughes meinte über seinen vom amerikanischen Staat bezahlten Gesellschaftsanalytiker, seit 1945 habe er einen »buoyant pessimism«[4] an den Tag gelegt.

Die Weimarer Erfahrung einer gescheiterten Revolution wich im US-amerikanischen Exil der Gewißheit von der *Unmöglichkeit der Revolution.* Das Wissen um die Veränderungsbedürftigkeit der Welt wurde aber nicht wie bei vielen desillusionierten Revolutionären unterdrückt, die verständlicherweise das Gefühl der Ohnmacht nicht ertragen wollten. Horkheimer und seine engsten Freunde verwandelten ihre widersprüchliche Erfahrung der Gegenwart in Theorie – in »eine Art Flaschenpost«, wie er im Zusammenhang mit einem Forschungsprojekt über Deutschland schrieb.[5] Die Emphase, die von Horkheimer auf die Kritische Theorie als einer Praxisform sui generis gelegt wurde, ist von Marcuse, wie sein Briefwechsel zeigt, geteilt worden. Den Weg zum OSS ist Marcuse gegangen, weil er unter den schwierigen finanziellen und politischen Umständen der vierziger Jahre dort eine Möglichkeit sah, die gesellschaftskritischen Analysen des Instituts fortzuführen. Lieber wäre er bei Horkheimer in Kalifornien geblieben und hätte – finanziell unabhängig wie Adorno – an dem Dialektikprojekt der Kritischen Theorie gearbeitet.

Aber Marcuse wollte und sollte das Institut in der US-amerikanischen Öffentlichkeit repräsentieren. Nicht nur auf den Gängen des Geheimdienstes in Washington, sondern schon in den Hallen der Columbia University vertrat Marcuse kompetent und repräsentativ die Auffassungen des Instituts. Die Universitätsvorlesungen der Institutsmitarbeiter über Nationalsozialismus im Jahre 1941 leitete er ein. Deutschland wurde im Institut nicht als bizarres Modell eines Sonderwegs studiert, sondern als eine historisch spezifische Form des Endes der liberalkapitalistischen Ära. Die Präsentation einer an der Totalität der Gesellschaft orientierten Theorie mußte der Hörerschaft als europäische, wenn nicht gar deutsche Spezialität erscheinen; aber es ist keineswegs so, wie oft behauptet, daß die amerikanischen Sozialwissenschaften damals schon ein empiristisch gesichertes Selbstverständnis gefunden hätten, das jedem theoretischen Nachdenken über die Gesellschaft extrem feindlich gegenüberstand. Die Sozialwissenschaften erlebten in den USA mit Roosevelts New Deal, der einen Ausweg aus der Existenzkrise des Kapitalismus finden sollte, einen unerhörten Aufschwung, zu dem jedes europäische Know-how willkommen war.

Allen antiamerikanischen Vorurteilen zum Trotz haben auch die im Auftrag des US-Geheimdienstes gewonnenen Erkenntnisse zum Begreifen einer veränderten gesellschaftlichen Wirklichkeit beigetragen. Die Dialektik von instrumentell organisierter Wissenschaft und Möglichkeit kritischer Gesellschaftstheorie haben Horkheimer und Adorno als Dialektik der Aufklärung gefaßt – aber eben als Dialektik, nicht als abstrakten einfachen Gegensatz. Ohne Dialektik lassen sich die Einsichten der Kritischen Theorie in die Mechanismen der nationalsozialistischen Herrschaft in Deutschland überhaupt nicht verstehen. Man merkt es diesen Arbeiten Marcuses an, daß er vor der schwierigen Aufgabe stand, einer intellektuell anders geschulten Öffentlichkeit die theoretischen Anstrengungen des Instituts zu vermitteln. Das gibt der Lektüre über ein halbes Jahrhundert danach einen besonderen Reiz – in einer Welt, in der Dialektik im Alltagssprachgebrauch zu einer Art Schimpfwort geworden ist. Bei allen in diesem Buch versammelten Texten handelt es sich um die Analyse der Gegenwart, die deren Genese berücksichtigt, aber sie nicht auf diese Entstehungsbedingungen reduziert. Was sich wie ein sozialwissenschaftlicher Gemeinplatz anhört, gehört keineswegs zur heute gängigen Diskussionspraxis. Das öffentliche Reden über den Nationalsozialismus ist in Deutschland seit dem Historikerstreit eher von einer Abwehr jeder gesellschaftstheoretischen Reflexion gekennzeichnet.

Marcuses Texte zum Nationalsozialismus betonen Einheit und Differenz von moderner Gesellschaft in Deutschland und der übrigen westlichen Welt. Die Naziideologie wird weder mit der Realität verwechselt, noch wird sie mit den Mitteln der klassischen Ideologiekritik bearbeitet; es wird versucht, ihre soziale Funktion zu bestimmen. Deswegen sucht Marcuse auch nach neuen Kategorien: In einer Fußnote schlägt er »Haltung« als terminus für die neue Mentalität vor. Weder bringt der Nationalsozialismus ein theoretisches Bewußtsein hervor, das in Praxis umgesetzt wird, noch produziert er überhaupt ein an Wahrheit orientiertes Bewußtsein. Die Nationalsozialisten beabsichtigten gerade das Bewußtsein von allen metaphysischen Relikten zu reinigen. Damit wurden sie aber auch unfähig, einen neuen Glauben zu erzeugen – sie kombinierten Pragmatismus und Mythologie. Der Pragmatismus bezieht sich in der gesellschaftlichen Wirklichkeit auf die technologische Modernisierung der Gesellschaft; die Mythologie auf den Primat des Politischen in der Neuen Ordnung. Das Tausendjährige Reich legitimierte sich nicht durch die Vergangenheit, sondern durch den Kampf *gegen* die Vergangenheit: Ganz Gegenwartsgesellschaft, bricht der Nationalsozialismus mit der Tradition.

Zusammengehalten wird das nationalsozialistische Deutschland nicht durch den Glauben, sondern durch die Angst vor der Katastrophe. In dem Memorandum zur »New German Mentality« erscheinen schon die Eigenschaften der nachnationalsozialistischen

Deutschen – die abgebrühte Tatsachengläubigkeit (matter-of-factness) und die »psychologische Neutralität«, der schon die Nazipropaganda Rechnung tragen mußte. Die post-festum Literatur über den Nationalsozialismus hat sozialwissenschaftliche Artefakte geschaffen, die durch die Marcusetexte wieder in Frage gestellt werden. Marcuses mit sublimierter Leidenschaft geschriebene Gegenwartsanalysen des Nationalsozialismus wirken fünfzig Jahre danach unerwartet frisch, eben weil das Erschrecken über die Gegenwart noch nicht auf falsche Weise mit den Vorstellungen des Common Sense versöhnt worden ist. Schon damals mußte Marcuse sich mit verzerrten ideengeschichtlichen Begründungen des Nationalsozialismus aus der kulturellen Tradition des deutschen Sonderweges auseinandersetzen, die heute wieder beliebt sind. Diese Argumentationen werden weder dem besonderen Charakter des Nationalsozialismus noch der spezifischen Gestalt der deutschen Kultur gerecht, die im Nationalsozialismus untergeht.

Nicht im Zentrum der Deutschlandanalysen stehen die nationalsozialistischen Verbrechen an den Juden. Sie gehören in die Planungen der Antisemitismusprojekte des Instituts, die parallell in Angriff genommen wurden. Die hier veröffentlichten Deutschlandanalysen Marcuses ergeben weder eine abgeschlossene Theorie des Nationalsozialismus noch tragen sie der Bedeutung von Auschwitz Rechnung.[6] Deutlich benannt wird aber im Unterschied zu gängigen Faschismustheorien der Charakter des Nationalsozialismus: Im Zentrum des neuen Systems steht das Verbrechen, nicht der Profit. Dennoch besitzt der Nationalsozialismus eine eigene erkennbare Logik. Die Benennung größerer gesellschaftlicher Gruppen, die vom Verbrechen profitieren, geschieht in einer konkreten Analyse der deutschen Gestalt des Profitsystems und der es praktizierenden »Volksgemeinschaft«. Marcuse faßt die »Rationalisierung des Irrationalen« als *die* politische Technik nationalsozialistischer Herrschaft. Die rationalistischen Überzeugungen der deutschen Opposition vom »unterdrückten Volk« oder der »unterdrückten Klasse«, die sich nur dem Terror beugt, müssen über Bord geworfen werden. Die Erkenntnis, daß viele Menschen sich von einer als übermächtig empfundenen, technologisch verkleideten Herrschaft angezogen fühlen, wenn sie dazugehören dürfen, weist über den Nationalsozialismus hinaus in die Zukunft. »Sachzwang« und »Leistungsprinzip« lassen auch nicht mehr das rationale Verständnis von gefesselten Produktivkräften zu, die in Freiheit gesetzt werden müssen. Die Politik des Totalen Krieges hat den Produktionsapparat entfesselt – nicht nur im nationalsozialistischen Deutschland, sondern auch in den ihm feindlichen Ländern. Deshalb wird in der nachfaschistischen Ära die Tendenz zum Totalitarismus allgemein.[7]

Die unterschiedlichen Versuche der Institutsmitglieder Franz Neumann, Herbert Marcuse, Max Horkheimer und Theodor W. Adorno, den Nationalsozialismus zu begreifen, fassen diese Gesellschaft dialektisch als eine Gesellschaft des Übergangs, die noch Kennzeichen des alten Liberalismus, aber auch Anzeichen des Neuen trägt. Die konkrete Wahrnehmung der ungeheuren Verbrechen des Nationalsozialismus verdeckt nicht die Beziehung dieser totalitären Gesellschaft zur modernen gesellschaftlichen Normalität. Manches, was Marcuse über den nationalsozialistischen Alltag sagt, klingt nicht nur wie die Vorwegnahme des »Eindimensionalen Menschen«, sondern sogar als Antizipation von Tendenzen, die erst jetzt Wirklichkeit werden. Ist die repressive Aufhebung von Tabus nicht ein Merkmal der Neuen Welt, in der wir als Zeitgenossen leben? Erscheint das Zerrbild einer befreiten Menschheit, in dem Sex und Kunst zu entgifteten Stimuli einer konformistischen Ordnung geworden sind, nicht erst am Ende der Wohlstandsgesellschaft? Erst recht erinnert Marcuses Beschreibung einer Welt, in der die Emanzipation der Ökonomie die der Menschen ersetzt, an die Gegenwart der globalisierten Weltwirtschaft.

Es handelt sich keineswegs um Prophezeiungen. Wer die »33 Thesen« am Ende des Bandes genau liest, kann hinter allen Fehlprognosen – wie der eines 1947 aktuell bevorstehenden Krieges zwischen den zwei Blöcken und der zu erwartenden Faschisierung des Westens – die analytische Kraft sehen. Ausgehend von der Unmöglichkeit der Revolution werden die jeweiligen Gesellschaftsformationen als alternativlos begriffen. Die integrative Kraft des jeweils Bestehenden vernichtet nicht nur die gesellschaftsverändernden Kollektivsubjekte, sondern droht auch der individuellen Subjektivität die Spontaneität und subversive Kraft zu entziehen. In These 13 taucht schon die Idee von Randgruppen auf, deren Leid und Elend die Harmonie der schönen Neuen Welt in Frage stellen könnten. Der Theorie fällt die Aufgabe zu, die Unwahrheit des Wirklichen auszusprechen. Marcuse hat Horkheimer diese Thesen nach Pacific Palisades zugeschickt – der versprach im Dezember 1948, gemeinsam mit Adorno als Antwort eine »Art philosophischen Programms«[8] Marcuse nach Washington D.C. zuzusenden. Auch von einem neuen Deutschlandprojekt war in diesem Brief die Rede. Zu beidem ist es nie gekommen. Die Flaschenpost blieb gut verkorkt.

Anmerkungen

1 Diese Geschichte hat Alfons Söllner in *Zur Archäologie der Demokratie in Deutschland* 2 Bde., Frankfurt a.M. 1982, aufgearbeitet.

2 Vgl. die beiden Standardwerke zur Geschichte des Instituts für Sozialforschung: Martin Jay, *Dialektische Phantasie*, Frankfurt 1976 und Rolf Wiggershaus, *Die Frankfurter Schule. Geschichte, theoretische Entwicklung, politische Bedeutung,* München, Wien, Berlin 1986. Jays noch nahe an den Intentionen Horkheimers orientierte Darstellung gewinnt für den Leser von heute nachträglich im Vergleich zu Wiggershaus' etwas freihändigen Interpretationen seines an sich großartigen und reichhaltigen Materials an Wert.

3 vgl. Detlev Claussen, *Spuren der Befreiung – Herbert Marcuse. Ein Materialienbuch zur Einführung in sein politisches Denken*, Darmstadt und Neuwied 1981.

4 nach Söllner, a. a. O., Bd.2, S. 57.

5 Max Horkheimer an Salka Viertel, 29.6.1940, in: Max Horkheimer, *Gesammelte Schriften*, Bd.16, Frankfurt a.M. 1995, S. 726.

6 Zu Unrecht ist Herbert Marcuse nach seinem Tod als politisch optimistischer Mensch gegen den pessimistischen Theoretiker Adorno ausgespielt worden. Noch in seiner letzten Rede hat er im Mai 1979 in Frankfurt am Main »jede veröffentlichte Erinnerung, die nicht die Erinnerung an Auschwitz festhält« als »Flucht, Ausflucht« bezeichnet.

7 In Erinnerung an seinen 1954 bei einem Autounfall umgekommenen Freund Franz Neumann nennt Marcuse 1956 die »Erfahrung der faschistischen und nachfaschistischen Ära« eine »Wunde, die niemals heilte«. (in: Franz Neumann, *Demokratischer und Autoritärer Staat. Studien zur politischen Theorie*, Frankfurt a. M. 1967, S.7).

8 Max Horkheimer an Herbert Marcuse, 29. 12. 1948, in: *Gesammelte Schriften*, Bd. 17, Frankfurt a. M. 1996, S. 1050.

I

Die neue deutsche Mentalität*

Memorandum zu einer Untersuchung
über die psychologischen Grundlagen des Nationalsozialismus
und die Möglichkeiten ihrer Zerstörung

* Das Manuskript »New German Mentality« trägt den Untertitel »Memorandum on a Study in the Psychological Foundations of National Socialism and the Chances for their Destruction«. Es ist datiert vom Juni 1942 und das maschinengeschriebene Originalmanuskript umfaßt 63 Seiten. Marcuse beendete diese Arbeit noch vor seinem Eintritt in das Office of War Information (OWI) und das Office of Strategic Services (OSS), beide Nebenstellen des amerikanischen Geheimdienstes. Aus dem Briefwechsel mit Horkheimer geht hervor, daß Marcuse noch im Dezember 1942 überlegte, ob er die Stelle beim OSS annehmen solle oder nicht. Doch am 18. April 1943 schrieb Marcuse an Horkheimer: »Sie werden gehört haben, ich habe mich entschieden, zum OSS zu gehen«. Dort arbeiteten zahlreiche aus Nazi-Deutschland vertriebene und in die USA emigrierte Wissenschaftler. Aus dem Kreis des Instituts für Sozialforschung waren das neben Herbert Marcuse der Politologe Franz L. Neumann und der Staatsrechtler Otto Kirchheimer. Als Angestellte der amerikanischen Regierung analysierte die Gruppe der »friendly enemy aliens« die nationalsozialistische Gesellschaft. Das OSS wurde 1946 wieder aufgelöst. Bis 1954 arbeitete Marcuse in mehreren Projekten mit dem State Departement zusammen. Die vorliegende Arbeit befand sich in derselben Mappe wie »Presentation of the Enemy« und »On Psychological Neutrality«.

Inhalt

1. Die beiden Schichten der neuen deutschen Mentalität

Der Nationalsozialismus hat die Denk- und Verhaltensmuster des deutschen Volkes dermaßen verändert, daß sich die traditionellen Methoden der Gegenpropaganda und Umerziehung als unzulänglich erweisen. Die Deutschen orientieren sich gegenwärtig an gänzlich anderen Werten und Maßstäben, und sie sprechen eine Sprache, die sich von den Ausdrucksformen der westlichen Zivilisation wie auch von denen der einstigen deutschen Kultur grundlegend unterscheidet. Um eine wirksame psychologische und ideologische Offensive gegen den Nationalsozialismus lancieren zu können, müssen wir die neue Mentalität und die neue Sprache eingehend untersuchen.

Wir können innerhalb dieser neuen Mentalität zwei Schichten unterscheiden: 1. *die pragmatische Schicht* (Sachlichkeit, das Denken in den Kategorien von Effizienz und Erfolg, von Mechanisierung und Rationalisierung), 2. *die mythologische Schicht* (Heidentum, Rassismus, Sozialdarwinismus). Diese beiden Schichten sind zwei Ausprägungen ein und desselben Phänomens.

Eine kritische Analyse der neuen Mentalität ist notwendig, um die geeignetsten Instrumente für ihre Zerstörung zu finden. Für die Analyse stehen uns in der Hauptsache zwei Quellen zur Verfügung:

1. die tatsächliche Organisation der nationalsozialistisch beherrschten Gesellschaft. Wir können die neue psychische Verfassung der Menschen aus den gesellschaftlichen und politischen Institutionen erschließen, die zu ihrer Beherrschung errichtet wurden;

2. die nationalsozialistische Ideologie, d. h. die Weltanschauung, mittels derer die Nazis die neuen Institutionen und Verhältnisse erklären und begründen. Diese Ideologie kann jedoch nur im Zusammenhang mit der tatsächlichen Organisation der nationalsozialistisch beherrschten Gesellschaft verstanden werden.

2. Die Merkmale der neuen deutschen Mentalität

Wir können die neue deutsche Mentalität unter folgenden Überschriften zusammenfassen:

1. *Uneingeschränkte Politisierung.* Die Tatsachen sind wohlbekannt, aber eine angemessene Interpretation ihrer Reichweite und ihrer Konsequenzen fehlt noch immer. Im jetzigen Deutschland sind alle auf das individuelle Leben bezogenen Motive, Probleme und Interessen mehr oder weniger direkt politischer Natur, und ihre Verwirklichung ist ebenfalls eine unmittelbar politische Handlung. Gesellschaftliche und private Existenz, Arbeit und Freizeit sind gleichermaßen politische Aktivitäten. Die traditionellen Schranken zwischen Individuum und Gesellschaft sowie zwischen Gesellschaft und Staat sind gefallen. Aber es wäre ganz falsch, in dieser Politisierung den Höhepunkt deutscher Staatsvergötzung, Autoritätsgläubigkeit oder antiindividualistischer Tendenzen zu sehen. Vielmehr stellt die nationalsozialistische Politisierung aller Lebensbereiche eine Wiederbelebung bestimmter Formen jener terroristischen Politisierung dar, die für die Revolution der Mittelschichten in den westeuropäischen Ländern typisch waren. Dabei wurde der ›Bourgeois‹ zum politischen Bürger, zum Citoyen, dessen Leben darin besteht, Geschäfte zu machen, eine Tätigkeit, die ihrerseits eine politische Angelegenheit darstellt.

2. *Uneingeschränkte Desillusonierung.* Das Nazisystem hat die Deutschen dazu erzogen, all das, was sich nicht durch Fakten bestätigen läßt, als ideologisches Manöver zu betrachten, das nur dem Ziel dient, die wirklichen Fronten und Kräfte im Kampf nach innen und nach außen zu verschleiern. Dieser Prozeß macht vor der Weltanschauung der Nazis selbst keineswegs Halt: der Zynismus, der diese Weltanschauung durchdringt, hat auch diejenigen ergriffen, von denen man annimmt, daß sie an das glauben, was ihre Führer ihnen erzählen. Die Deutschen glauben an diese Weltanschauung nur insoweit, als sie in ihr eine wirksame Angriffs- und Verteidigungswaffe sehen. Mit Ausnahme der ganz jungen und ganz alten Anhänger des Nationalsozialismus weiß jeder, der an die nationalsozialistische Weltanschauung glaubt, daß es sich dabei um eine Ideologie handelt.[1]

3. *Zynische Sachlichkeit.* Als der Nationalsozialismus die deutsche Gesellschaft durchorganisierte, um sie auf den totalen Eroberungs-

krieg vorzubereiten, hat er die dergestalt mobilisierte Bevölkerung mit einer Rationalität durchtränkt, die alles an den Kriterien von Effizienz, Erfolg und Nützlichkeit mißt. Der deutsche ›Träumer‹ und ›Idealist‹ ist zum brutalsten ›Pragmatiker‹ geworden, den die Welt je gesehen hat. Er betrachtet auch das totalitäre Regime einzig unter dem Gesichtspunkt des eigenen direkten materiellen Vorteils. Er hat seine Gedanken, Gefühle und Verhaltensweisen an die vom Nationalsozialismus zu einer machtvollen Eroberungswaffe geschmiedete technologische Rationalität angepaßt. Er denkt in quantitativen Verhältnissen: in den Kategorien von Geschwindigkeit, Geschicklichkeit, Energie, Organisation, Masse. Der Terror, der ihn unablässig bedroht, befördert diese Mentalität: er hat gelernt, mißtrauisch und gewitzt zu sein, jeden Schritt sofort und blitzschnell abzuwägen, seine Gedanken und Ziele zu verbergen, seine Handlungen und Reaktionen zu automatisieren und dem Rhythmus der alles durchdringenden Reglementierung anzupassen. – Diese Sachlichkeit bildet das eigentliche Zentrum der nationalsozialistischen Mentalität und das psychologische Ferment des Nazisystems.[2]

4. *Neuheidentum.* Der pragmatische Zynismus, mit dem die im Nationalsozialismus verbreitete Sachlichkeit durchtränkt ist, wurde zu einer Revolte gegen die Grundsätze der christlichen Zivilisation zugespitzt. Für das deutsche Volk konkretisierten sich diese Grundsätze zuletzt in der Weimarer Republik und der Arbeiterbewegung. Die Nazis haben die Arbeiterbewegung von Anbeginn mit den Ideen des Christentums in Verbindung gebracht: Humanismus, Menschenrechte, Demokratie und Sozialismus wurden in der Nazi-Ideologie zu Elementen *einer* Gesamtheit.[3] Dieses seltsame Gemisch konnte zustandekommen, weil die deutsche Arbeiterbewegung seit dem Ersten Weltkrieg integraler Bestandteil der demokratischen Kultur geworden war. Folglich teilte die Arbeiterbewegung auch das Schicksal dieser Kultur; und die Nazis nutzten die Tatsache, daß die Weimarer Republik ihre Versprechungen nicht erfüllen konnte, um Mißtrauen und Haß gegen die höchsten Ideen der christlichen Zivilisation schlechthin zu schüren, wobei sie in breiten Schichten der deutschen Bevölkerung auf Zustimmung stießen. Die

Nazis brauchten dabei nur an das tiefsitzende Gefühl der Enttäuschung zu appellieren, das aus den Erfahrungen seit dem Ende des Ersten Weltkriegs erwachsen war. Der Aufstand gegen die christliche Zivilisation reflektiert eher den neuen Geist der Ernüchterung als den der ›deutschen Metaphysik‹.

Dieser Aufstand äußert sich auf unterschiedliche Weise: als Antisemitismus, Terrorismus, Sozialdarwinismus, Antiintellektualismus, Naturalismus. Sie alle sind Ausdruck einer Rebellion gegen die schrankensetzenden, transzendentalen Prinzipien der christlichen Morallehre – gegen die Freiheit und Gleichheit der Menschen, gegen die Unterordnung der Macht unter das Recht, gegen die Idee einer universalistischen Ethik. Diese Rebellion hat in Deutschland Tradition und wirkte in allen typisch deutschen Bewegungen: in Luthers Protestantismus, in den ›faustischen‹ Elementen der deutschen Literatur, Philosophie und Musik, in den Aufständen der Befreiungskriege, bei Nietzsche und in der Jugendbewegung. Aber der Nationalsozialismus hat die metaphysischen Implikationen dieser Rebellion zerstört und die Rebellion selbst zu einem Instrument seiner totalitären Bestrebungen gemacht.

5. *Verschiebung tradierter Tabus.* Um diese Rebellion für ihre Zwecke nutzen zu können, mußten die Nazis einige der Tabus angreifen, die die christliche Zivilisation im privaten und gesellschaftlichen Leben errichtet hatte. Am augenfälligsten ist dabei der Angriff gegen bestimmte sexuelle, familiäre und moralische Tabus.[4] Wir werden allerdings sehen, daß sie nicht abgeschafft, sondern nur verschoben worden sind. Die daraus resultierenden Konzessionen sind ebenso trügerisch wie die Emanzipation von der christlichen Moral, denn zugleich sind die Tabus im Hinblick auf andere, besser geschützte Verhältnisse und Institutionen verstärkt worden.

6. Mit dem Fortgang des Krieges wird die deutsche Bevölkerung in zunehmendem Maße von einem *katastrophischen Fatalismus* beherrscht, der die Stellung des nationalsozialistischen Regimes eher festigt als schwächt. Die Deutschen scheinen die Vernichtung des Hitlerreichs mit der Vernichtung an sich, das heißt, mit der endgültigen Zerstörung Deutschlands als Nation und Staat, mit dem end-

gültigen Verlust jeglicher Sicherheit, mit dem Absinken des Lebensstandards unter die Inflationsrate zu identifizieren. Diese Angst vor der Katastrophe ist eine der stärksten Bindungen zwischen den Massen und dem Regime.[5]

Wir wollen nun die Elemente der neuen deutschen Mentalität im Zusammenhang mit der nationalsozialistischen Formierung der Gesellschaft – jedoch lediglich unter dem Aspekt der Zerstörung dieser Mentalität – interpretieren.[6]

3. Die gesellschaftliche Funktion der neuen deutschen Mentalität

Der Nationalsozialismus kann als typisch deutsche Form der ›Technokratie‹, d. h. als die nationalspezifische Anpassung der Gesellschaft an die Erfordernisse der Großindustrie begriffen werden. Weitergehend ließe sich sogar behaupten, daß der Nationalsozialismus die erste und einzige ›Revolution der Mittelschichten‹ in Deutschland gewesen ist. Da diese Revolution mit der Entwicklung der Großindustrie einherging, hat sie vorangegangene Entwicklungsstufen übersprungen oder in sich zusammengefaßt. Der Nationalsozialismus hat die Reste des Feudalismus beseitigt. Die Tatsache, daß er die Konzentration des Großgrundbesitzes mit allen Mitteln gefördert hat, steht dazu nur scheinbar in Widerspruch, denn diese Konzentration ist weniger ein feudalistischer als ein kapitalistischer Vorgang. Darüber hinaus hat der Nationalsozialismus die relativ unabhängige Stellung all jener Gruppen zunichte gemacht, die der Entwicklung zum Großunternehmen hinterherhinkten. Betroffen sind vor allem kleine und mittlere Unternehmen sowie der Handels- und Finanzbereich. Hier ist der freie Markt überall staatlicher Reglementierung unterworfen worden. Der Nationalsozialismus hat die Arbeiterschaft in den Herrschaftsbereich der Industrie eingegliedert, die Hindernisse, welche die Sozialgesetzgebung einer solchen Eingliederung in den Weg gestellt hatte, beseitigt und statt dessen direkte politische Kontrollmöglichkeiten geschaffen. Die gesetzmäßige Verfaßtheit der Organe von Arbeitnehmern und Arbeitgebern wurde ebenso abgeschafft wie das Recht auf die freie Aushandlung von Verträgen und zur politischen Vertretung. Der Nationalsozialismus hat industrielle, ministerielle und halboffizielle (Partei-)Bürokratie miteinander verschmolzen und den Staat somit an die Erfordernisse des industriellen Apparats angepaßt. Durch die Politik einer europaweiten imperialistischen Expansion ist dieser Apparat zu seiner vollen Leistungsfähigkeit aufgelaufen. Diese umfassende Anpassung der gesellschaftlichen Institutionen und Verhältnisse hatte eine ebenso umfassende Anpassung der individuellen wie der kollektiven Moral und Psychologie zur Folge. Noch in ihren irrationalsten Ausprägungen ist die neue Mentalität das Ergebnis einer totalitären ›Rationalisierung‹, die alles, was der rücksichtslosen wirtschaftlichen und politischen Ausbeutung in Gestalt moralischer Hemmnisse, Vergeudung und Ineffizienz im Wege steht, beseitigt.

Die Analyse der neuen Mentalität wird zeigen, daß a) diese Mentalität Ausdruck nicht etwa einer abstrusen Philosophie, sondern einer hoch rationalisierten gesellschaftlichen Organisationsform ist, b) die Schlußfolgerung, die neue Mentalität werde zusammen mit dem Nationalsozialismus verschwinden, voreilig ist. Diese Mentalität entspricht nämlich einer gesellschaftlichen Organisationsform, die mit dem Nazisystem nicht identisch ist, auch wenn dieses ihre aggressivste Ausdrucksform darstellt.

Überdies ist es angesichts der gesellschaftlichen Funktion dieser Mentalität höchst unwahrscheinlich, daß sie einfach auf den Status quo ante zurückgeschraubt werden kann, denn sie ist dem neuesten Stand von Technologie, Großindustrie und Konzernorganisation so perfekt angepaßt, daß jeder Rückfall hinter diesen Stand dem allgemeinen Trend der internationalen Entwicklung widersprechen und zu einer Quelle ständig wiederkehrender Krisen und Konflikte werden müßte. Die uneingeschränkte Politisierung begleitet den innerhalb eines tradierten gesellschaftlichen Rahmens sich vollziehenden Übergang zu einer Planwirtschaft, während Desillusionierung, zynische Sachlichkeit und die Verschiebung überkommener Tabus die spezifisch deutschen Züge der technologischen Rationalität bilden. Das Neuheidentum schließlich hat die Aufgabe, die psychischen und emotionalen Widerstandskräfte gegen die rücksichtslose imperialistische Eroberungspolitik zu brechen. Die ganze

Mentalität ist die des Zuspätgekommenen, der mit terroristischen Methoden in das verbunkerte Machtsystem einzudringen versucht.

Es gibt noch andere Gründe, die gegen eine Rückkehr zum Status quo ante sprechen. Sie liegen in der neuen Mentalität selbst. Die heutzutage in Deutschland herrschende Haltung der Sachlichkeit, die jeder Bewertung zugrundeliegt, läßt Hitler immer noch in milderem Lichte erscheinen als die Weimarer Republik. Die deutsche Bevölkerung betrachtet mehrheitlich Freiheit, Gleichheit und Menschenrechte dort, wo diese Ideen sich nicht in materieller Sicherheit und einem angemessenen Lebensstandard niederschlagen, als reine Ideologie. Die Weimarer Republik konnte diese Ideen nicht verwirklichen, und solange die deutschen Massen selbst nicht von ihnen profitieren, interessiert es sie nicht, was in den anderen Demokratien geschieht.[7] In Nazideutschland herrscht Vollbeschäftigung, und die Massen leiden noch keinen Hunger. Natürlich werden die zunehmenden kriegsbedingten Entbehrungen und die schrecklichen Verluste das Naziregime immer unpopulärer machen – doch nicht zugunsten des Status quo ante. Auch hier ist die Bewertung ganz und gar pragmatisch: Der Krieg ist der deutschen Bevölkerung als geschäftliches Unternehmen geschildert worden, als hohe und mit furchtbaren Risiken behaftete Investition, zu der es indes keine Alternative gibt und deren Anfangserfolge vielversprechend sind.[8] Mittlerweile sind ganze Nationen der Ausbeutung durch die Nazis unterworfen worden, und auch der Mann auf der Straße profitiert von der Beute. Darüber hinaus hat es den Anschein, als würde der technische Charakter der modernen Kriegsführung das Gewicht des moralischen Faktors vermindern und eine Fortsetzung der Operationen auch bei stark gesunkenem ›Kampfgeist‹ erlauben.

Die Macht des Naziregimes über das deutsche Volk beruht auf seiner effektiven und erfolgreichen Kriegsführung. Folglich muß man, um diese Macht zu brechen, die Nazis militärisch besiegen. Aber es gibt nicht die geringste Garantie dafür, daß der Sturz des Regimes die Wurzeln jener nationalsozialistischen Mentalität beseitigt, aus denen das Regime seine Lebensfähigkeit bezieht. Diese Mentalität wird erst dann verschwinden, wenn die Vorherrschaft der mit dem Regime und, mehr noch, mit dessen Motiven und Zielen auf Gedeih und Verderb verbundenen Gruppen beseitigt wird. Sie wird, anders gesagt, erst verschwinden, wenn die Errungenschaften des Naziregimes (Vollbeschäftigung und materielle Sicherheit) in einer wahrhaft demokratischen Gesellschaftsordnung aufgehoben sind. Um den Boden dafür vorzubereiten, ließe sich die neue Mentalität vielleicht durch die Nutzbarmachung jener Elemente beeinflussen, die über die nationalsozialistische Form ihrer Realisierung hinausweisen. Dabei handelt es sich in erster Linie um die pragmatische Sachlichkeit und die uneingeschränkte Politisierung. Das heißt natürlich nicht, daß die nationalsozialistische Weltanschauung und Propaganda kopiert oder an andere Inhalte angepaßt werden sollten. Jedes Zugeständnis in diese Richtung würde als Zeichen der Schwäche erscheinen und den Glauben an die Überlegenheit des Naziregimes stärken. Vielmehr muß gezeigt werden, daß der Nationalsozialismus selbst die Motive und Impulse, aus denen die neue Mentalität erwächst, notwendigerweise unbefriedigt läßt, daß er jene Mächte der Unterdrückung, die besiegt zu haben er vorgibt, selber verkörpert und daß die Befreiung jenseits der neuen Ordnung und zugleich jenseits des Status quo ante liegt. Eine wirkungsvolle Gegenpropaganda muß eigene Inhalte und eine eigene Sprache finden und darf keine Anleihen bei der neuen Ordnung oder dem Status quo ante machen. Die Gegenpropaganda muß auf die neue Mentalität antworten, ohne ihr zu entsprechen.

Wir haben diese Mentalität bislang als einheitliches Phänomen behandelt; wir haben vom ›deutschen Volk‹ ohne Berücksichtigung seiner schichtspezifischen Differenzierung gesprochen. Das ist eine allzu grobe Vereinfachung, und bei der Entwicklung der Gegenpropaganda muß man unbedingt die unterschiedlichen Gesellschaftsschichten und ihre jeweiligen Interessen bedenken. Wir werden eine solche Differenzierung später vornehmen. Allerdings ist es gerechtfertigt, sie im Rahmen einer Gesamtskizze zunächst zu vernachlässigen. Die reglementierte Rationalisierung der deutschen Gesellschaft ist auch insofern totalitär, als sie die Denk- und Verhaltensmuster aller Gesellschaftsschichten einander angleicht, die sich mittlerweile im Hinblick auf ihre Interessen nicht mehr voneinander unterscheiden. Ausgenommen von dieser Entwicklung ist nur der aktive Widerstand. Zudem hat der Nationalsozialismus die sozialen Gegensätze in einem solchen Ausmaß ›vereinheitlicht‹, daß die große Mehrheit der Bevölkerung der kleinen Führungsclique aus Industriellen und Regierungsmitgliedern gegenübersteht.[9] Außerhalb dieser Clique sind alle derselben autoritären Organisation unterworfen, von der ihr Leben abhängt, gleichgültig, ob sie in der Fabrik arbeiten oder im Laden, im Büro oder auf dem Lande, ob sie zu Hause sind oder im Rathaus, im Verein oder im Theater, im Krankenhaus oder im Konzentrationslager. Allerdings folgt aus dieser Zweiteilung in Führungsclique und übrige Bevölkerung nicht, daß letztere grundsätzlich oppositionell eingestellt wäre. Die Dinge liegen etwas komplizierter. Es gibt nämlich kaum eine gesellschaftliche Gruppe, die nicht über ihr materielles Interesse auf die eine oder andere Weise mit dem Funktionieren des System verbunden wäre, und wo diese Bindungen sich lockern, werden sie durch nackte Gewalt ersetzt. Vielmehr bezeichnet die Dichotomie die beiden Pole der Machtverteilung: Die Politik wird von der herrschenden Clique bestimmt, die die internen Interessenkonflikte ausficht und Kompromisse beschließt, während alle anderen Gruppen zu einer umfassenden Gesamtorganisation zusammengeschlossen werden, die die Ausführung dieser Politik garantiert. Innerhalb dieser reglementierten Massen ist der aktive Widerstand (d. h. jene Kräfte, die das System und nicht nur die mehr oder weniger zufällige Zusammensetzung seiner Führungsschicht bekämpfen) über die Fabriken und Werften, Baukolonnen und Arbeitslager, Berufsschulen und Gefängnisse verstreut. Diese Widerstandsgruppen brauchen keine ›Propaganda‹; entsprechende Bemühungen werden sie über die gleichgeschaltete Masse der Bevölkerung ohnehin erreichen.

4. Die neue Dimension der Logik und Sprache im Nationalsozialismus

Die an sich banale Feststellung, daß Propaganda ihren Adressaten verständlich sein muß, ist im Hinblick auf das gegenwärtige Deutschland alles andere als ein Gemeinplatz. Die Mentalität hat sich so grundlegend geändert, daß die deutsche Bevölkerung für die traditionelle – argumentativ und darstellend verfahrende – Sprache und Logik kaum noch zugänglich ist. Häufig ist behauptet worden, in Deutschland hätten sich Sprache und Logik zu einem Irrationalismus hin entwickelt, der jede rationale Diskussion unmöglich mache. Wenn die nationalsozialistische Weltanschauung aus allen gesellschaftlichen Zusammenhängen herausgelöst und, derart isoliert, einzig als Ausdruck der neuen Mentalität begriffen wird, begegnet man natürlich nur alogischen Abstrusitäten, hinter denen sich erst dann ein vollkommen rationales und logisches Muster abzuzeichnen beginnt, wenn man diese Weltanschauung und ihre Sprache in den Kontext der nationalsozialistischen Politik und Gesellschaftsorganisation stellt. Viele Kritiker des Nationalsozialismus sind darüber verwirrt, daß in Deutschland heute offenbar zwei gänzlich verschiedene Mentalitäten, Logiken und Sprachen koexistieren. Die eine betrifft die Weltanschauung, Ideologie und Propaganda der Nazis und ist völlig irrational, die andere betrifft den Bereich der Verwaltung, Organisation und Alltagskommunikation und ist ganz und gar technisch-rational. In Wirklichkeit gibt es allerdings nur eine Mentalität, nur eine Logik und nur eine Sprache, deren zwei Manifestationsweisen von ein und derselben Rationalität determiniert, durchdrungen und vereinheitlicht werden. Diese Struktur muß für die Entwicklung einer wirksamen Sprache der Gegenpropaganda in Betracht gezogen werden.

Will man eine bestimmte Sprache verstehen, muß man zunächst ihre konkrete Verwendungsweise untersuchen.[10] Die Sprache des Nationalsozialismus dient dazu, seine imperialistischen Expansionsbestrebungen zu propagieren, zu begründen und den Menschen einzuhämmern. Das heißt für die Menschen, daß sie nach der Zerstörung der Weimarer Republik alle privaten und gesellschaftlichen Beziehungen den Maßstäben einer mechanisierten und rationalisierten Kriegsproduktion unterordnen mußten, während zugleich alle Begriffe und Werte, die über dieses Ziel hinausreichten oder es zu beeinträchtigen drohten, systematisch ausgemerzt wurden. Insofern ist die Sprache im Nationalsozialismus streng *technisch* ausgerichtet: Ihre Begriffe zielen auf einen pragmatischen Zweck ab und legen alle Dinge, Verhältnisse und Institutionen auf die operative Funktion fest, die sie im nationalsozialistischen System besitzen. So verlieren die Begriffe ihre tradierten Bedeutungen, ihre ›Universalität‹, die sie zum Gemeingut der Zivilisation gemacht hat, und erhalten statt dessen einen neuen, einzig durch ihren politischen Kontext definierten Inhalt. Diese Struktur durchzieht die Sprache der totalitären Verwaltung und Bürokratie, der Verordnungen, Statuten, Gerichtshöfe und in einem großen Ausmaß auch des Alltagslebens. Wir werden jedoch sehen, daß die ›mythologische‹ Sprache der nationalsozialistischen Propaganda und Weltanschauung aus dieser technischen Struktur auch ihre Rationalität bezieht.

Allerdings setzt jede technische Sprache eine ›supra-technische‹ Sprachgemeinschaft voraus, aus der sie ihre Wirkungsmacht ableitet, sonst könnte sie nicht als allumfassendes Medium der intersubjektiven Kommunikation dienen.[11] Diese Sprachgemeinschaft ist vorwiegend von Empfindungen, Emotionen, subjektiven Wünschen und Impulsen geprägt. Die nationalsozialistische Sprache besitzt ihre supra-technische Sprachgemeinschaft in der mythologischen Schicht der deutschen Mentalität, und hier besonders in jenem Komplex von Vorstellungen, Impulsen und Instinkten, aus denen sich das deutsche Aufbegehren gegen die christliche Zivilisation nährt. Dieser Komplex wird für die pragmatischen Ziele des Nationalsozialismus aktiviert und in den Dienst der technischen Rationalität gestellt, mit deren Hilfe diese Ziele erreicht werden sollen. Indem der Nationalsozialismus die mythologischen und metaphysischen Elemente der deutschen Mentalität zu Instrumenten totalitärer Kontrolle und Eroberung umformt, zerstört er ihren mythologischen und metaphysischen Gehalt. Ihr Wert wird auf das rein Operationale reduziert, sie selbst zum Bestandteil der Herrschaftstechnik. Die augenscheinlich irrationale Weltanschauung des Nationalsozialismus stellt in Wirklichkeit das Ende der ›deutschen Metaphysik‹, ihre Liquidierung durch die totalitäre technische Rationalität dar.[12]

Dieser Prozeß läßt sich an der syntaktischen Form der Sprache, an ihrem Vokabular und an den logischen Strukturen nationalsozialistischen ›Argumentierens‹ ablesen.

In ihrer syntaktischen Form zeigt die Sprache des Nationalsozialismus eine durchgängige Verbalisierung von Nomina auf, die Vereinfachung komplexer Satzstrukturen und die Transformation persönlicher Verhältnisse in unpersönliche Dinge und Ereignisse.[13] Diese Merkmale charakterisieren jedoch nicht etwa eine neue ›magische‹ Sprache, sondern nur deren Anpassung an die technologische Rationalität.[14]

Wir wollen hier indes die linguistische Analyse nicht weiter verfolgen, weil das eine eigenständige Untersuchung erforderlich machen würde, sondern uns auf einige allgemeine Anmerkungen zum Verhältnis zwischen der technischen und der supra-technischen (mythologischen) Sprachgemeinschaft beschränken. Letztere bildet das Reservoir für jene Kräfte, die dem Geist und der Sprache der westlichen Zivilisation mit äußerster Feindschaft und Ablehnung gegenüberstehen. Die nähere Analyse wird jedoch zeigen, daß der Nationalsozialismus diese Kräfte ›rationalisiert‹ und ihnen eine streng pragmatische Ausrichtung verliehen hat.

Ganz offensichtlich zentriert sich diese Sprache um ›irrationale‹ Vorstellungen wie Volk, Rasse, Blut und Boden, Reich. Alle diese Begriffe sind zwar ihrer Form nach Universalien, schließen in Wirklichkeit Universalität jedoch gerade aus. Benutzt werden sie als Partikular- wo nicht gar Individualbegriffe, dienen sie doch dazu, Volk, Rasse und Blut der Deutschen positiv gegen andere Völker, Rassen und Blutsgemeinschaften abzusetzen und aus ihnen partikulare Maßstäbe und Werte abzuleiten. Zudem sollen die so bezeichneten Tatsachen ›natürlicher Art‹ sein, das heißt, sie stehen für die Nazis außerhalb des universellen Zusammenhangs der menschlichen Zivilisation, gehören einer anderen und höheren Ordnung an. In dieser Ordnung zählt die ›natürliche‹ Ungleichheit der Menschen mehr als ihre ›künstliche‹ Gleichheit, der Körper mehr als der Geist, Gesundheit mehr als Moral, Macht mehr als das Gesetz, starker Haß mehr als schwächliches Mitgefühl. Wir haben bereits erwähnt, daß diese ganze ›Mythologie‹ auf einer klar umrissenen empirischen Grundlage beruht[15], die in der körperlichen und seelischen Vorbereitung der deutschen Gesellschaft auf die imperialistische Eroberung der Welt gesehen werden muß.[16] Diese Politik erfordert die Zerstörung all jener ›universellen‹ Gesetze und Maßstäbe, durch deren Anerkennung das deutsche Volk zur Weltzivilisation gehörte. Darüber hinaus mußten auch die mit diesen Gesetzen und Maßstäben verbundenen moralischen und juristischen

Beschränkungen abgeschafft werden. So entpuppt sich die angebliche Irrationaliät der nationalsozialistischen Mythologie als ›Rationalität‹ imperialistischer Beherrschung.

Des weiteren haben wir bereits erwähnt, daß angesichts der Lage der deutschen Bevölkerung zu Beginn der dreißiger Jahre die Erziehung zum totalitären Imperialismus nur erfolgreich verlaufen konnte, weil der Nationalsozialismus für sofortige materielle Kompensationen sorgte (Vollbeschäftigung, Beteiligung an der Kriegsbeute, kontrollierte Lockerung tradierter Tabus). Die extreme Sachlichkeit, mit der die Deutschen demokratische Freiheiten gegen wirtschaftliche Sicherheit eintauschten, wurde von der nationalsozialistischen Mythologie nicht bekämpft, sondern vielmehr gefördert. Paradoxerweise macht nämlich die Erziehung zu zynischer Sachlichkeit den Geist dieser Mythologie aus. In ihren Leitbegriffen treten ›natürliche‹, scheinbar konkretere und anschaulichere an die Stelle gesellschaftlicher Verhältnisse, wird die Gesellschaft durch das Volk, die Klasse durch die Rasse, Eigentumsrechte durch Blut und Boden, der Staat durch das Reich ersetzt. Volk und Rasse werden zu ›Tatsachen‹ erklärt, denn die durch Herkunft und Ort bestimmte Geburt ist eine Tatsache, der gegenüber Klasse und Menschheit nur als abstrakte Ideen erscheinen. Ein gesunder Mensch muß seine gesunden Triebe befriedigen – diese Tatsache überwindet die Schranken abstrakter Moralität. Der Jude ist deutlich sichtbar ein Außenseiter. Selbst wenn er sich seinem Aussehen und seiner Sprache nach von den nichtjüdischen Deutschen nicht unterscheidet, so hat er doch andere Gesten und Verhaltensweisen und ist auf jeden Fall ein unwillkommener Konkurrent. Diese ›Tatsachen‹ sind stärker als die Maßstäbe einer abstrakten menschlichen Gleichheit.

Es wäre jedoch verhängnisvoll, in der Mythologie der Nazis lediglich die Ideologie eines totalitären Imperialismus zu sehen, die von den vielfältigen materiellen Vorteilen, welche breite Schichten der Bevölkerung aus der neuen Ordnung ziehen, gestützt wird. In diesem Fall würde der Zusammenbruch der imperialistischen Expansion fast automatisch den Zusammenbruch der neuen deutschen Mentalität nach sich ziehen. Tatsächlich sind die Beziehungen zwischen dieser Mentalität und den gesellschaftlichen und politischen Strukturen sehr viel komplizierter. Der Nationalsozialismus konnte dem deutschen Volk die pragmatische Rationalität des Totalitarismus deshalb aufzwingen, weil er an Kräfte appellierte, die zu den tiefsten und stärksten Eigenschaften des ›deutschen Charakters‹ gehören. Durch die Aktivierung der mythologischen Schicht sind diese Kräfte freigesetzt worden. Sie waren durch den christlichen Zivilisationsprozeß gezähmt und gebändigt worden, hatten aber im Verborgenen weiter existiert. Der Nationalsozialismus holte sie ans Tageslicht zurück, und jetzt stellen sie für die westliche Zivilisation eine der größten Bedrohungen dar.

Bevor wir uns Aufschluß über die Eigenart dieser Kräfte zu verschaffen suchen, wollen wir zwei mögliche Mißverständnisse aus dem Weg räumen:

1. Der bereits erwähnte ›deutsche Charakter‹ ist nicht die Vergegenständlichung einer besonderen natürlichen Eigenschaft, die dem ›deutschen Menschen‹ zukommt. Wir meinen damit vielmehr, daß das deutsche Volk im Verlauf seiner Geschichte und unter ihren spezifischen Bedingungen bestimmte Denkweisen und Gefühle entwickelt hat, in denen sich die der deutschen Kultur eigenen Charakterzüge niederschlagen.

2. In zahlreichen Untersuchungen ist der Versuch gemacht worden, die Wurzeln des Nationalsozialismus in der deutschen Philosophie und Literatur seit Luther, Herder oder Nietzsche zu entdekken. Begreift man den ›Nationalsozialismus‹ in seiner ganzen Tragweite und Bedeutung, können solche Untersuchungen eigentlich nur zeigen, daß die Wurzeln des Nationalsozialismus sich überall in der deutschen Geschichte seit der Reformation finden lassen. Überdies läßt sich fast jeder deutsche Schriftsteller zum Vor- aber auch zum Gegenläufer nationalsozialistischer Konzeptionen machen. Natürlich kann man die deutsche Philosophie und Literatur nach geeigneten Zitaten durchforsten, doch wird man damit die psychologische und emotionale Macht, die das Naziregime über die Deutschen ausübt, nicht erklären können.

Allerdings können wir Ernst Jüngers Analyse des ›deutschen Charakters‹ zum Ausgangspunkt unserer Untersuchung machen, denn sein Buch *Der Arbeiter*[17] ist die wahrscheinlich intelligenteste nationalsozialistisch inspirierte Interpretation der neuen Mentalität. In den einleitenden Abschnitten seines Buches leitet Jünger die prägenden deutschen Charakterzüge aus der Tatsache her, daß der Deutsche schon immer ein ›schlechter Bürger‹ gewesen sei. Die bürgerlichen Werte von Sicherheit, Recht und Eigentum hätten in der deutschen Welt niemals Wurzeln geschlagen und daher könne der Deutsche mit jener Form der Freiheit, die ihren Niederschlag in der Erklärung der Menschenrechte gefunden habe, nichts anfangen. Jünger zeigt ferner, daß der Aufstieg des Nationalsozialismus Ausdruck der wahrhaftigen Revolte der Deutschen gegen die bürgerliche Welt und ihre Kultur ist (eine Welt, zu der für ihn auch der marxistische Sozialismus und die Arbeiterbewegung gehören). Diese Revolte wird den Bürger durch eine neue Lebensform ersetzen, deren Repräsentant der ›Arbeiter‹ ist. Er verfügt über eine vollkommen technische Welt, seine Freiheit besteht im spontanen Dienst an der technischen Ordnung, seine Haltung ist soldatisch und seine Rationalität die der totalitären Technologie. Jüngers Buch ist prototypisch für die nationalsozialistische Vereinigung von Mythologie und Technologie: Die von ›Blut und Boden‹ geprägte Welt wird zum gigantischen, total mechanisierten und rationalisierten Unternehmen. Sie formt das Leben der Menschen in einem Ausmaß, daß sie mit automatischer Präzision die richtige Operation am richtigen Ort zur richtigen Zeit ausführen. Es ist eine Welt ungeschminkter Sachlichkeit, die für ›Ideale‹ weder Raum noch Zeit läßt. Aber diese total technologisierte Welt entspringt und nährt sich aus einer supra-technologischen Quelle, auf die Jünger verweist, indem er die ›antibürgerlichen‹ Charakterzüge des Deutschen beschwört. Läßt es sich rechtfertigen, die mythologische Schicht der deutschen Mentalität als antibürgerlich zu bezeichnen?

Es ist schon immer bemerkt worden, daß die prototypischen Ausdrucksformen der deutschen Kultur denen der westlichen Zivilisation antagonistisch gegenüberstehen. Qualitative Unterschiede offenbaren sich sogar im Hinblick auf identische kulturelle Bereiche: Man vergleiche Luther mit Calvin und den Puritanern, die deutsche Gotik mit ihren französischen und italienischen Ausprägungen, Hölderlin mit William Blake, den deutschen Rationalismus mit seinen französischen und englischen Formen, das Bild des mittelalterlichen Kaisers mit dem der französischen und britischen Könige. Die Eigenart der deutschen Kultur ist mit Begriffen wie transzendental, romantisch, dynamisch, formlos, dunkel, heidnisch, innerlich, ursprünglich beschrieben worden. Alle diese Begriffe beschreiben offensichtlich eine Struktur des Denkens und Fühlens, die die empirische Realität transzendiert, und zwar aus Gründen, die selbst wiederum transzendental sind. In der Konfrontation mit einem schwer greif- und definierbaren Bereich, der durch spezifisch deutsche Begriffe wie Natur, Leidenschaft, Seele und Geist umrissen wird, wird die empirische Realität hinterfragt. Wenn diese beiden Bereiche zusammenstoßen, werden die Triebe, Impulse und Handlungen der Menschen zu einer explosiven und zerstörerischen Kraft, die die kulturellen Muster sozialer Bindungen zerstört: Freundschaft, Treue, Liebe, aber auch Haß und Verrat nehmen eine elementare Form an, und der Himmel ist nicht mehr nur vom Gott des Christentums, sondern auch von heidnischen Göttern bewohnt. Die zwischenmenschlichen Beziehungen wie auch die zwischen Mensch und Natur sind erschreckend eng und direkt; es hat den Anschein, als seien alle gesellschaftlichen Vermittlungsebenen geschwächt oder gar vernichtet, und als würden diese Menschen, auch wenn sie nicht in Versen sprechen, eine der Zivilisation fremde Sprache benutzen. Dies wiederum verstärkt die metaphysische Einsamkeit und Sehnsucht, die in den repräsentativen Werken deutscher Literatur und Kunst vorherrscht.

Diese Charakterzüge sind jedoch nicht auf Werke der bildenden Kunst, Literatur und Musik beschränkt, sondern finden sich auch in den gegenwärtigen Verhaltensweisen und Gebräuchen des deutschen Volkes. Hier erscheinen sie in den noch lebendigen Traditionen der Volkskultur, in der Vorherrschaft des Gemüts, in dem eigentümlichen Verhältnis zur Natur, in der sprichwörtlichen deutschen Ehrlichkeit und Schlichtheit.[18]

Die von uns soeben skizzierten Eigenarten stehen sicher im Gegensatz zu den deutscherseits als ›undeutsch‹ bezeichneten Charakterzügen der westlichen Zivilisation: Rationalität, Klarheit, Berechenbarkeit und Ordnung. Ebenso können die deutschen Charakterzüge als ›antibürgerlich‹ eingestuft werden, wenn wir die bürgerliche Welt gemäß ihrer Geschäftsordnung als eine Welt sorgfältig ausbalancierter Rechte und Pflichten beschreiben, in der alle subjektiven Werte in entschiedenster Weise den objektiven Maßstäben von Angebot und Nachfrage, Austausch und Vertrag untergeordnet sind. Aber Jüngers Betonung der antibürgerlichen Elemente des deutschen Charakters ist lediglich ein Instrument der politischen Propaganda, mit dessen Hilfe die nationalsozialistische Ordnung zu einer antikapitalistischen Revolution verklärt werden soll. Das Antibürgerliche im deutschen Charakter muß vor einem ganz anderen Hintergrund interpretiert werden: Es läßt sich aus der Tatsache erklären, daß die Mittelschichten in der deutschen Gesellschaft bis zum Beginn des 20. Jahrhunderts eine eher marginale Rolle gespielt haben. Die zählebige Herrschaft des Feudalismus verhinderte, daß jene Formen der Integration und Kontrolle, die für eine von den Mittelschichten dominierte Gesellschaft typisch sind, die deutsche Bevölkerung tiefergehend beeinflussen konnten. Statt dessen lebten breite Schichten der deutschen Bevölkerung noch in feudal geprägten Lebensformen: Herrschafts- und Abhängigkeitsverhältnisse wurden viel direkter, konkreter und ›persönlicher‹ erfahren als in einem durchgängig von Warenproduktion und Marktwirtschaft bestimmten System. Daraus erklären sich wohl auch die ›patriarchalen‹ und autoritären Elemente, mit denen diese Verhältnisse durchsetzt waren. Für viele Menschen stellte die Regierung keine gesellschaftliche, sondern eine natürliche Institution dar, die mit dem eigenen Leben nichts zu tun hatte und der sie sich bedingungslos unterordnen konnten, ohne ihre ›Persönlichkeit‹ zu verlieren. Individualismus und Autoritarismus, Selbstsicherheit und Bürokratie sind in Deutschland zwei Seiten derselben Medaille, nämlich der beschränkten Reichweite mittelschichtspezifischer Integrations- und Kontrollmechanismen. Folglich war die für eine Mittelschichtengesellschaft typische pragmatisch-technologische Rationalität vor dem Aufstieg des Nationalsozialismus in Deutschland kaum verbreitet. Viele gesellschaftliche Bereiche blieben vom ›Geist des Kapitalismus‹ verschont, wurden in das System rationaler Beherrschung und Nutzbarmachung der Dingwelt nur halbherzig eingegliedert. Und eine Dimension des deutschen Geistes wurde ohnehin nicht mit den Maßstäben des Nützlichen, Zweckdienlichen und Effizienten gemessen: der Rückzugsort der ›Seele‹, die gegenüber den reglementierten und beschränkten gesellschaftlichen Verhältnissen ein hohes Maß an Selbständigkeit und Autonomie behielt.

Ähnliches läßt sich für den Bereich der ›Natur‹ zeigen, die im Denken und Fühlen der Deutschen eine besondere Rolle spielt, gilt sie ihnen doch nicht als einfache materielle Gegebenheit, die vom Menschen gemeistert und nutzbar gemacht werden soll, sondern als eigenständige Quelle elementarster Impulse, Triebe und Wünsche des Menschen. Dieser vorchristlichen, heidnischen Naturvorstellung liegt ein starker antizivilisatorischer Impuls zugrunde: Die Natur liefert Maßstäbe und Werte, die denen der Zivilisation häufig überlegen sind und somit einen Bereich schaffen, in dem der Mensch ›jenseits von Gut und Böse‹ lebt. Der Mensch gehört ebenso zur Natur wie die anderen organischen Dinge, seine ›Seele‹ ist das Zeichen seines natürlichen, sub-gesellschaftlichen Wesens, dem gegenüber das ganze Netzwerk der gesellschaftlichen Verhältnisse zu einer sekundären und fremden Sphäre wird. Alle Befriedigung und Enttäuschung des Menschen entspringen seinem natürlichen Wesen, dem Leben seiner Seele, die dem zivilisatorischen Leben auffallend feindlich gegenübersteht.[19]

Nun kann dieser latente Protest gegen die Zivilisation leicht an die Oberfläche geholt und zum Ferment einer sozialen Massenbewegung gemacht werden. In der deutschen Geschichte treffen wir immer wieder auf diese eigenartige Fusion zwischen den ›Tiefen‹ der Seele und den seelischen Tiefen der Gesellschaft, die den zahlreichen Volksbewegungen der jüngeren deutschen Geschichte ihre charakteristischen Züge verleiht. Die Macht dieser Bewegungen resultiert nicht aus der Aktivität bestimmter gesellschaftlicher Gruppen, die ein gemeinsames rationales Interesse verbindet, sondern aus dem Handeln von ›Massen‹, die durch bestimmte subgesellschaftliche Impulse und Instinkte zusammengehalten werden.

Ernst Krieck weist auf diese Tatsache hin, wenn er die Auffassung vertritt, daß der Nationalsozialismus an die jeder Gesellschaftsordnung zugrundeliegende ›natürliche Ordnung‹, an die ›seelischen Untergründe‹ des Volkstums und die ›seelische Unterwelt‹ appelliere.[20] Dieser Appell zielt auf den physiologischen und emotionalen Bereich, nicht aber auf den sozialen Status, und die ihm folgenden Massen rekrutieren sich aus allen sozialen Schichten der Bevölkerung. Eine solche Volksbewegung kann also leicht ›von oben‹ manipuliert und kontrolliert und dazu benutzt werden, die Formen und Strukturen sozialer Herrschaft zu verschieben, ohne die gesellschaftliche Schichtung selbst in Frage zu stellen. Indem die Volksbewegung die unterschiedlichsten gesellschaftlichen Gruppen zusammenzwingt, verhindert sie die Realisierung konkreter gesellschaftlicher Interessen. Und weil sie darauf abzielt, sich von dem durch Ungerechtigkeit und Enttäuschung entstandenen Druck zu entlasten, kann sie leicht gegen andere Gegner gerichtet werden. So stachelte der Nationalsozialismus die Massen zum Kampf gegen Juden und ›kapitalistische Plutokraten‹ auf, doch diente die Vernichtung der Juden und der Untergang des ›Finanzkapitals‹ nur dazu, die Position jener Industrieverbände zu stärken, die in der deutschen Gesellschaft ohnehin die Vorherrschaft innehatten.[21]

Die Volksbewegungen können manipuliert werden, weil die aufgehetzten Massen eine sofortige Kompensation erhalten. Dabei werden die bereits erwähnten materiellen Kompensationen durch ebenso wichtige Kompensationen für die (das latente ›Unbehagen an der Zivilisation‹ tragenden) frustrierten Impulse und Instinkte ergänzt und unterstützt. Diese Impulse und Instinkte werden in einer Form befriedigt, die ihre Frustration im Rahmen stärkerer Kontrollmechanismen fortschreibt. Ihre aggressiven Tendenzen werden gegen die Kranken und Schwachen, gegen die Fremden und die Außenseiter, gegen Intellektuelle und kompromißlose Kritiker, gegen Luxus und augenfälligen Müßiggang gerichtet. Das Streben nach Gerechtigkeit, Freiheit und Glück wird pervertiert und zum Rachefeldzug gegen alle, die das Leben genießen, die nicht schuften müssen, die in der Lage sind, ihrem Wissen und Willen Ausdruck zu verleihen. Die Gleichheit der Menschen soll durch Nivellierung und nicht durch die Anhebung des Niveaus erreicht werden.

Die von den Nazis veranstalteten Festspiele imitieren die Pracht des heroischen Zeitalters der europäischen Gesellschaft oder den Glanz und die Annehmlichkeiten der vorrevolutionären französischen Aristokratie, die in kleinen Dosen an den Mann auf der Straße weitergereicht wird, damit er seine Pflichten gegenüber dem totalitären Staat umso williger erfülle.[22]

All diese Gratifikationen sind an die Emanzipation der ›Natur‹ von der Zivilisation gekoppelt. Dieser Appell macht sie zum Ferment der Aggression wie zugleich zu einem die Unterwerfung fördernden Therapeutikum. Die ›Unterwelt‹ wird von den ihr durch die christliche Zivilisation auferlegten Beschränkungen befreit, jedoch auf eine Weise, bei der die befreiten Impulse totalitäre Formen der Herrschaft stärken. Das natürliche ›Recht des Körpers‹ siegt über den Anspruch des Intellekts, der das Netz der ›völkischen Gemeinschaft‹ zu zerreißen und ihre im Terror wurzelnden Grundlagen aufzudecken droht.[23] Die offiziellen ›Kraft durch Freude‹-Programme vergrößern die staatlichen Arbeits- und Militärreserven, und die ›natürliche‹ Haltung zur Sexualität dient der Erhöhung der Geburtenrate. Die Pervertierung des Christentums zu einer völkischen Religion verschafft dem Menschen ein gutes Gewissen, wenn er die moralischen Beschränkungen, die dem Kampf um Leben und Macht auferlegt wurden, abwirft, um die Schwachen und Hilflosen auszulöschen, seine Mitmenschen auszubeuten und seinen Lebensraum erbarmungslos auszuweiten.[24] Aber dieser neuheidnische Naturalismus erfüllt noch eine weiterreichende Funktion: Er unterdrückt den Wunsch, die herrschende Ordnung in Richtung auf eine gerechtere und bessere zu überschreiten und liefert den Menschen in seiner Gesamtheit den säkularen Mächten aus, die über sein Leben bestimmen. In dieser Abschaffung des Glaubens zugunsten einer anderen Ordnung liegt wahrscheinlich die gefährlichste Errungenschaft des Nationalsozialismus, und sie macht den totalen Angriff gegen sein System an der psychologischen Front zu einer Aufgabe, die neue und ungewöhnliche Waffen erfordert.

Aus Italien wird ein Witz über Mussolini berichtet: »Als er gestorben war und in den Himmel kam, wurde er mit großem Aufwand empfangen. [...] Inmitten des ganzen Trubels bemerkte Mussolini plötzlich, daß seine Krone höher war als die Gottes. Er fragte höflich nach dem Grund. ›Ich habe deinem Volk einen Fastentag pro Woche gegeben‹, antwortete Gott. ›Du gabst ihnen sieben. Ich gab ihnen den Glauben und du nahmst ihn fort. Du bist größer als ich.‹« Vielleicht erhellt dieser Witz die psychologischen Mechanismen, die die Kampfmoral in den faschistischen Ländern determinieren und aufrechterhalten, wobei die letzten zwei Sätze eher auf den deutschen als auf den italienischen Faschismus zutreffen. Tatsächlich bestand eine der grundlegendsten Errungenschaften des Nationalsozialismus darin, ›den Menschen den Glauben zu nehmen‹. Es klingt zwar seltsam, doch beruht die unerschütterliche Loyalität der menschlichen Werkzeuge nationalsozialistischer Herrschaft in einem beträchtlichen Maße auf der Tatsache, daß die Nazis ihnen den Glauben nehmen konnten.

Wir haben bereits erwähnt, daß die Deutschen von uneingeschränkter Desillusionierung und zynischer Sachlichkeit ergriffen worden sind. Wir wollen jetzt die Bedeutung dieses Prozesses für die nationalsozialistische Moral interpretieren.

Der Glaube, den die Nazis zerstörten, um an dessen Stelle ihr eigenes System zu errichten, ist nicht in erster Linie religiöser Natur. Es ist der Glaube an die Normen und Werte der christlichen Zivilisation, insofern sie keinen unmittelbaren ›Kaufwert‹ besitzen, das heißt, nicht durch das tatsächliche Verhalten von Individuen, Gruppen und Nationen verwirklicht worden sind. In diese Kategorie gehören nicht nur die höchsten Dogmen des Christentums, sondern auch die anerkannten Grundsätze der säkularen Ethik, Geschäftsmoral und Politik. Die nationalsozialistische Propaganda zielte von der ersten Stunde darauf ab, soziale Gerechtigkeit, Chancengleichheit, repräsentative Demokratie und internationale Prinzipien von Recht und Ordnung als ideologische Manöver hinzustellen, hinter deren dünnem Schleier sich auch weiterhin die Interessen von Geld und Macht geltend machen.[25] Der Nationalsozialismus hat seinen

Anhängern eingehämmert, daß die Welt eine Kampfbahn ist, in der der mächtigste und effizienteste Konkurrent das Rennen gewinnt. Wer also in der Welt vorankommen will, tut gut daran, alle transzendentalen Ideen, die den wirkungsvollen Einsatz seiner Mittel behindern, über Bord zu werfen und sich an die nackten Tatsachen zu halten.[26] Dem Nationalsozialismus zufolge besteht das angemessenste Prinzip des individuellen wie auch des sozialen und politischen Handelns darin, alle zur Verfügung stehenden Mittel so rücksichtslos wie möglich einzusetzen, um in den Verteilungskämpfen die Nase vorn zu haben.[27]

Um die schnelle Ausbreitung dieser Haltung in der deutschen Bevölkerung begreifen zu können, müssen wir kurz die Lage der Arbeiterbewegung betrachten. Anders als in den westlichen Ländern war die deutsche Arbeiterbewegung unter dem Einfluß marxistischer Theorie und Praxis erstarkt. Sozialdemokratie und Gewerkschaften führten die Grundsätze des Marxismus auch dann noch in ihrem Programm, als sie sie in der Praxis bereits verlassen hatten. In der Weimarer Republik war der Marxismus zum integralen Bestandteil der deutschen Kultur geworden. Über das reine Glaubensbekenntnis hinaus war er zum institutionellen Faktor in sozialen und politischen Organisationen geworden, fand sein Wirkungsfeld in der Familie und der Jugendbewegung, in den Schulen und sogar in den Kirchen. Verglichen mit der Weltanschauung der britischen und amerikanischen Arbeiterbewegung war die der deutschen Arbeiterbewegung sehr viel stärker mit ›transzendentalen‹ Begriffen und Werten verknüpft. Die Dialektik – die Vorstellung von dem Kapitalismus innewohnenden objektiven Gesetzmäßigkeiten und der objektiven Notwendigkeit des Sozialismus – und der Glaube an die internationale Solidarität des Proletariats waren zu einer festgefügten begrifflichen und emotionalen Struktur geworden. Die pragmatische Politik mit ihrem systemimmanenten Kampf um unmittelbare materielle Verbesserungen konnte die ›eschatologische‹ Hoffnung auf das endgültige Reich der Freiheit nicht auslöschen. Je mehr sich jedoch die deutsche Arbeiterbewegung in die Arbeiteraristokratie und -bürokratie einerseits und die Masse der arbeitslosen oder nur befristet Beschäftigten andererseits aufspaltete, desto mehr schwand der Glaube an die Verwirklichung des höchsten Ziels und wich dem Geist desillusionierter Sachlichkeit. In einer Volkswirtschaft mit zehn Millionen Arbeitslosen wurde Arbeit von einem Recht zu einer Vergünstigung, die effizientes und willfähriges Verhalten erforderte. Zudem hatten die Führer der Arbeiterbürokratie durch ihr Handeln den Desillusionierungsprozeß schon lange vor der Machtübernahme durch die Nazis eingeleitet. So war der Grund und Boden für ihre Eroberung durch den Nationalsozialismus bereitet: Die Aussicht auf Vollbeschäftigung und wirksame Kontrolle der Wirtschaftsprozesse wog schwerer als die Überreste des sozialistischen Glaubens.

Daß die Bauern, die kleinen und mittleren Geschäftsleute, die Handwerker und die niederen Angestellten der Sachlichkeit der Nazi-Ideologie anheimfielen, bedarf kaum der Erklärung. Die Weimarer Republik hatte dem wirtschaftlichen Konzentrationsprozeß, der die Schwachen immer schneller den Starken auslieferte, keinen Einhalt gebieten können. Sie waren von der sozialistischen Bewegung nie wirklich beeinflußt worden und zeigten sich bereit, alles zu akzeptieren, was ihnen Sicherheit versprach, ohne sie ihres Eigentums zu berauben.

Allerdings ist die Zerstörung des Glaubens ein rein negativer Prozeß, der die Auflösung eines Systems, aber kaum die Errichtung und Fortdauer einer umfassenden Ordnung und noch weniger den Aufbau und die Stabilisierung moralischer Grundsätze erklären kann. Ist nicht der alte Glaube durch einen anderen, noch stärkeren ersetzt worden? Glaubt das deutsche Volk nicht fest an den charismatischen Führer und seine unerschütterliche Macht? Wir werden uns zunächst der letzten Frage zuwenden.

Natürlich können wir die erstaunliche Anhänglichkeit des deutschen Volkes an Hitler und den noch viel erstaunlicheren inneren Zusammenhalt des nationalsozialistischen Systems durch den fast grenzenlosen Glauben an Hitlers Person und Herrschaft erklären. Damit aber würden wir die wesentlichen Unterschiede zwischen der alten und der neuen deutschen Mentalität verwischen und die Wirklichkeit nicht angemessen beschreiben. Glaube ist bedingungsloses Vertrauen, das keiner Kompensation bedarf und nicht von außen erzwungen und gestützt werden muß. Davon jedoch ist die deutsche Bevölkerung in ihrer Mehrheit weit entfernt. Zwar folgen die Deutschen dem Regime, ohne daß dieses direkte terroristische Zwangsmittel anwenden müßte, aber sie legen dabei eine reservierte Haltung an den Tag. Ihr Vertrauen in das Regime wird nicht durch die Grenzen ihrer körperlichen und moralischen Belastbarkeit markiert, sondern währt solange, wie das Regime die effiziente Fortführung des Systems totaler Reglementierung gewährleisten kann. Aber auch damit ist die Bruchstelle noch nicht hinreichend definiert. Wir müssen eine wichtige Bedingung hinzufügen: Der Zusammenbruch des Regimes muß mit der realen Möglichkeit einhergehen, ein demokratisches Regime zu errichten, das Vollbeschäftigung und materielle Sicherheit zu garantieren in der Lage ist. Wir haben dies bereits erwähnt und kommen immer wieder darauf zurück, weil es den Punkt bezeichnet, an dem die Erziehung durch den Nationalsozialismus ihre Früchte trägt. Die desillusionierte Sachlichkeit und die Zerstörung des Glaubens erweisen sich hier als stabiles Bindeglied zwischen Volk und Regierung. Die Menschen stützen das Regime, weil sie nackten Tatsachen vertrauen und nicht Idealen und Versprechungen nachlaufen. Und sie werden zweifellos lieber von ihren eigenen Führern beherrscht werden als von ausländischen und die nationale Unabhängigkeit der Versklavung vorziehen.[28]

Daß sich die stärkste moralische Bindung zwischen Bevölkerung und Regime aus dem völligen *Mangel* an Glauben ergibt, ist für die Frage von Bedeutung, ob man zwischen dem deutschen Volk und seinem Regime unterscheiden kann. Wir müssen diese Frage mit einem zeitlichen Index versehen. Im Augenblick läßt sich keine klare Unterscheidung treffen. Zwar funktioniert das Regime nur durch institutionalisierten Terror, aber die Mehrheit der Bevölkerung hat die Sprache der Tatsachen akzeptiert und sich mit dem Regime identifiziert. Der Rest ist Sache durchgreifender Organisation. Jedoch kann die Identifikation, gerade weil und insoweit sie auf ungeschminkter Sachlichkeit beruht, sich angesichts einer neuen Tatsachenkonstellation in Feindseligkeit verwandeln. Diese Wendung kann sich in Form eines Schocks ereignen, nach dem die nationalsozialistische Mentalität scheinbar ausgelöscht und vergessen ist. Doch kommt ein solcher Schock nicht ›von selbst‹, sondern setzt voraus, daß eine neue Tatsachenkonstellation geschaffen wird.

Wir werden nunmehr versuchen, die zweite Frage zu beantworten: Wie kann die mit zynischer Sachlichkeit einhergehende Abschaffung des Glaubens eine Kampfmoral bewirken, die bis jetzt das Funktionieren des Nationalsozialismus garantiert hat und selbst angesichts der durch den Krieg mit Rußland verursachten extremen Opfer und Verluste nicht zusammengebrochen ist? Wir müssen uns hierbei aller Illusionen und Vorurteile begeben, denn die Antwort könnte im Widerspruch zu einigen unserer am sorgsamsten gehegten Vorstellungen stehen.

Gerade das, was man gemeinhin den Kampfgeist oder die Kampfmoral eines Volkes oder einer Armee nennt, läßt sich an der deutschen Kriegs- und Heimatfront nicht finden. Die verfügbaren Dokumente scheinen den Schluß nahezulegen, daß an beiden Fronten die Haltung desillusionierter Sachlichkeit vorherrscht. Äußerste Standhaftigkeit und Verläßlichkeit, wütender Widerstand und inhumane Grausamkeit – all das wird mit der gleichen unmenschlichen Sachlichkeit, Effizienz und Gewandtheit ins Werk gesetzt.[29] Es geht dabei nicht um den Glauben an eine ›Sache‹, obwohl die ›deutsche Sache‹ im Kampf eine gewichtige Rolle spielt. Aber diese ›deutsche Sache‹ gleicht einer gigantischen Maschine oder Apparatur, die das Denken und Empfinden derer, die sie bedienen, vollständig in Beschlag nimmt, ihre Handlungen kontrolliert und bestimmt und ihnen nicht die geringste Zuflucht läßt. Im gegenwärtigen Deutschland sind alle Menschen bloße Anhängsel der Produktions-, Zerstörungs- und Kommunikationsinstrumente, und obwohl sie auch dabei noch mit großer Initiative, Spontaneität und sogar ›Persönlichkeit‹ arbeiten, sind ihre individuellen Leistungen voll und ganz an die Operationsweise der Maschine (die Summe ihrer Instrumente) angepaßt und auf deren Erfordernisse abgestimmt. Und wo die Menschen nicht als Anhängsel ihrer Instrumente auftreten, sind sie die Anhängsel ihrer Funktionen (als Bevollmächtigte, Gauleiter, Gestapoagenten usw.), die ihrerseits vergegenständlicht und zum festen Bestandteil der Maschinerie gemacht worden sind.[30] Das System besitzt eine streng *technische* Struktur, und sein innerer Zusammenhang beruht auf streng *techni-*

schen Verfahrensweisen. Die Kampfmoral ist zum Bestandteil der Technologie geworden.

Wir verwenden hier den Ausdruck ›Technologie‹ im wörtlichen Sinne. In der Technologie wird nicht zwischen ›wahr‹ und ›falsch‹, ›recht‹ und ›unrecht‹, ›gut‹ und ›böse‹ unterschieden – es gibt hier nur die einem pragmatischen Zweck angemessenen oder unangemessenen Mittel. Demzufolge sind im Nationalsozialismus alle Maßstäbe und Werte, alle Denk- und Verhaltensmuster durch die Notwendigkeit des unaufhörlichen Funktionierens der Produktions-, Destruktions- und Herrschaftsmaschinerie bestimmt. Der Führer und seine höchsten Ratgeber bilden den Vorstand, seine Bevollmächtigten und die Generäle sind die Eigentümer und Manager, der Terror ist das unvermeidliche Disziplinierungsmittel, während die übrige Bevölkerung das Heer der Angestellten und Arbeiter stellt. Innerhalb des Ganzen sind alle Bestandteile sorgfältig aufeinander abgestimmt; und da sonst kein anderes Unternehmen existiert, gibt es auch keine alternativen Lebensmöglichkeiten und ebenso kein Schlupfloch, um Grenzen zu übertreten und entkommen zu können – weder im physischen noch im geistigen Sinne. Auf Dinge wie Glaube, Moral und Ideale im herkömmlichen Sinn kann verzichtet werden. Die ganze Ideologie von Blut und Boden, Volk und Führer ist streng operational ausgerichtet. Die neue Weltanschauung stellt ein äußerst flexibles System mentaler Techniken und Verfahrensweisen dar, mit deren Hilfe die Politik des Unternehmens wie auch seine Arbeitsmethoden vorbereitet, verkündet und aufeinander abgestimmt werden sollen, damit sie dann auf möglichst wirksame Weise ›verkauft‹ werden können. Dergestalt ließe sich diese Weltanschauung mit einer gigantischen Anzeigenkampagne vergleichen, die mit dem Geschick, der Logik und Sprache einer solchen Kampagne gehandhabt wird. Natürlich preist sie nichts an, was nicht sowieso gekauft werden muß, aber innerhalb des Unternehmens finden sich so viele einander widerstreitende Interessen wie auch Ungerechtigkeiten und Ungleichheiten bei der Verteilung von Gewinnen und Beutestücken, daß fortwährende Korrekturen, Kompromisse und Bestechungsmaßnahmen notwendig sind.

Die nationalsozialistische Transformation moralischer Maßstäbe und Vorstellungen in technische Begriffe und Verfahrensweisen wurde durch die Situation erzwungen, in der sich die deutsche Gesellschaft nach dem Ersten Weltkrieg befand. Als der Nationalsozialismus sich vornahm, die Nation zu einem gnadenlos auf Expansion ausgerichteten Industrieunternehmen umzubauen, mußte er die Aufgabe bewältigen, eine jahrzehntelange Stagnation in wenigen Jahren wettzumachen. Zwar war die Industrialisierung der deutschen Wirtschaft anderen europäischen Ländern nicht nur vergleichbar, sondern ihnen aufgrund ihrer durchgängigen Rationalisierung und Mechanisierung schon vor der nationalsozialistischen Machtergreifung überlegen, doch wurde ihre konsequente Ausnutzung fortwährend durch Probleme behindert, die aus der Wirtschaftskrise, der Sozialgesetzgebung der Weimarer Republik und der vorwiegend ›antikapitalistischen‹ Einstellung der Bevölkerung resultierten. Diese Haltung versuchten wir unter Verweis auf die in Deutschland ausgebliebene Revolution der Mittelschichten und die in breiten Schichten der deutschen Bevölkerung vorherrschende ›antibürgerliche‹ Mentalität zu erklären. Der Nationalsozialismus hat diesen Widerstand durch die Mobilisierung der mythologischen Schicht des deutschen Geistes überwunden, die dem deutschen Protest gegen die christliche Zivilisation als gewaltiges Reservoir diente und ihn so zu einem der wirkungsvollsten Instrumente für die Einübung in technologische Rationalität machte.

Diese Rationalisierung des Irrationalen (bei der letzteres seine Macht behält, sie jedoch in den Rationalisierungsprozeß einfließt), dieses fortwährende Wechselspiel zwischen Mythologie und Technologie, ›Natur‹ und Mechanisierung, Metaphysik und Sachlichkeit, ›Seele‹ und Effizienz bildet das eigentliche Zentrum der nationalsozialistischen Mentalität. Dieses Muster bestimmt auch die Technisierung der Moral. Wir können dies anhand jener Verschiebung von Tabus zeigen, die als charakteristische Eigenschaft des Nationalsozialismus gilt.

Lauthals verkündete Vorhaben wie die Zerstörung der Familie und der bürgerlichen Ehe, oder der Angriff auf patriarchale Normen nutzen das latente ›Unbehagen‹ an der Zivilisation, den Protest gegen die Beschränkungen und Versagungen aus, die sie den Menschen auferlegt. Die Nationalsozialisten appellieren an das Recht der ›Natur‹, an die gesunden, jedoch verleumdeten Triebe des Menschen, betonen die Fragwürdigkeit seiner monadischen Existenz im Geldsystem, seine Sehnsucht nach einer wahren ›Gemeinschaft‹ in einer von Profit und Tausch beherrschten Welt. Sie könnten, so behaupten sie, die ›natürlichen‹ und direkten Beziehungen zwischen den Menschen wiederherstellen. Gegen die seelenlose Mechanisierung beschwören sie die Seele, gegen die patriarchale Autorität den völkischen Zusammenhalt, gegen die Gemütlichkeit des ›bürgerlichen Heims‹ die frische Luft, gegen den blassen Intellekt den gestählten Körper. Darum mußte natürlich auch die Befriedigung dieser Wünsche erleichtert werden, doch sind die neuen Freiheiten ebensosehr Pflichten gegenüber der Bevölkerungspolitik des Reichs und eine Belohnung der Bevölkerung für die zur umfangreicheren Bereitstellung von Arbeitskräften und Kriegsdienstleistungen. Die persönliche Befriedigung ist zu einer kontrollierten politischen Funktion und ihr gefährlicher Einfluß zu einer Kraft des inneren Systemzusammenhalts geworden. Rassenpolitik, Einschränkung und Überwachung der Freizeit, Abschaffung der Privatsphäre und die Forderung nach ›Reinheit‹ verwässern und regulieren das erlaubte Vergnügen. Die allmächtige Partei besitzt durchschlagendere Autorität als sie der *pater familias* und das moralische Gesetz je verkörpert haben.[31]

Die neuen Autoritäten und Tabus stellen keine rein äußerliche Macht dar, sondern haben im Charakter der Menschen selbst und ihren spontanen Verhaltensweisen Wurzeln geschlagen. Die Menschen nehmen, was ihnen angeboten wird, und machen das Beste daraus. Auch hier spielt die zynische Sachlichkeit der neuen Mentalität dem Naziregime in die Hände. In seiner Schule haben die Menschen gelernt, gerissen, heimlichtuerisch und mißtrauisch zu sein. Sie haben weder die Zeit, noch die Energie, ihren eigenen Gedanken und Gefühlen nachzugehen. In einer Welt, in der alle Menschen Tag und Nacht mit den Instrumenten von Eroberung und Zerstörung beschäftigt sind, haben Liebe, Leidenschaft und Glaube jeglichen Sinn verloren. Der gute Nazi, dazu erzogen, seinen Körper als wertvollste Quelle jener Energie zu verstehen, mit der diese Instrumente in Gang gehalten werden, sieht in der Befriedigung seiner Triebe einen Akt mentaler und köperlicher Hygiene, eine produktive und profitable Technik. Seine Gedanken und Gefühle werden in technische Werkzeuge verwandelt.

Angesichts der wichtigen Rolle, die psychologische und emotionale Mechanismen bei der Technisierung der Kampfmoral spielen, läßt sich die Behauptung, im Nationalsozialismus sei die moralische durch organisatorische Kohärenz ersetzt worden, nicht aufrechterhalten. Natürlich würde das System ohne seine allmächtige Organisation sofort zusammenbrechen. Diese Organisation wird jedoch selbst wiederum durch psychologische und emotionale Mechanismen aufgebaut und gestützt, deren gemeinsamer Fluchtpunkt in der Abschaffung des Glaubens und der Herausbildung zynischer Sachlichkeit liegt. Sie haben die Kapitulation der Menschen vor der allumfassenden Expansions- und Herrschaftsmaschinerie erleichtert. Jetzt sind die Menschen gezwungen, unter Bezugnahme auf Dinge und Funktionen zu denken, zu fühlen und zu sprechen, die einzig und allein dieser Maschinerie angehören. Sie werden zu einer Existenz gezwungen, die in jedem Augenblick von der korrekten Ausführung der erforderlichen operationalen Funktionen abhängt. Vergangenheit und Zukunft sind von der Gegenwart absorbiert worden. Der Nationalsozialismus hat das Tausendjährige Reich verkündet, doch sind diese tausend Jahre auf den jeweiligen Augenblick beschränkt, auf das Hier und Jetzt, in dem das Reich endgültig gewonnen oder verloren werden kann. Die Menschen müssen sich auf diesen Augenblick konzentrieren; der Rest ist Sache des ›Schicksals‹. Geschichte verdichtet sich zur Stunde des nationalsozialistischen Systems, alles andere ist Vorgeschichte oder Schicksal. Der Begriff des Schicksals spielt in der Nazipropaganda eine zunehmend wichtigere Rolle[32]: Er macht das Regime selbst zum Vollstrecker der Vorsehung und die Zukunft der Menschheit von der äußersten Entschiedenheit abhängig, mit der die vom Regime bereitgestellten Waffen eingesetzt werden.

8. Drei Stadien der Gegenpropaganda

Während der tödliche Antagonismus zwischen dem Nationalsozialismus und der westlichen Zivilisation zur Genüge hervorgehoben wurde, ist die Tatsache, daß die neue deutsche Mentalität mit ihrer zynischen Sachlichkeit und totalitären technischen Rationalität einen ebenso grundlegenden Bruch mit der als bloßer ›Schwindel‹[33] betrachteten tradierten deutschen Kultur vollzogen hat, weitgehend unbeachtet geblieben. Dies ist von äußerster Wichtigkeit, weil das deutsche Volk, das seit einem Jahrzehnt ausschließlich in den Kategorien der von den Nazis diktierten Logik und Sprache denken und sprechen darf, dem Appell an seine überkommene Logik und Sprache nicht zugänglich sein wird. Der Angriff auf die nationalsozialistische Mentalität muß also neue Formen der Infiltration entwickeln, Formen, welche die vorherrschende Mentalität auflösen, indem sie auf sie eingehen.

In den folgenden Abschnitten werden wir einige Vorschläge zur Entwicklung einer solchen Gegen-Sprache machen, deren Umrisse wir anhand von drei unterschiedlichen Angriffsstadien skizzieren. Bei diesen Stadien geht es um 1. die Sprache der Tatsachen, 2. die Sprache der Erinnerung, 3. die Sprache der Umerziehung.

ad 1: *Die Sprache der Tatsachen*

Die Auffassung, der gegenwärtige Krieg werde in erster Linie zwischen Ideologien und Weltanschauungen geführt, erweist sich für eine wirkungsvolle Gegenpropaganda als schädlich. Im Verlauf seiner allmählichen Desillusionierung hat das deutsche Volk gelernt, alles, was nicht durch nackte Tatsachen untermauert ist, als Ideologie im Sinne einer absichtsvollen Verzerrung von Tatsachen durch Interessengruppen zu betrachten. Folglich wird die Berufung auf Menschenrechte, demokratische Freiheiten, moralische Gesetze, Menschenwürde usw. den Deutschen ebenso fremd und verdächtig vorkommen wie uns die nationalsozialistische Weltanschauung. Was das deutsche Volk versteht und anerkennt, sind Tatsachen, und es hungert nach Tatsachen und wirklichen Verbesserungen. Damit aber steht die deutsche Mentalität dem Geist des Westens näher als je zuvor, und daraus läßt sich eine erste Brücke zur Verständigung zwischen den beiden feindlichen Welten bauen.

Die Gegenpropaganda muß die pragmatische Sprache der Tatsachen sprechen. Zum Glück gibt es genügend Tatsachen, die der Realität des Nationalsozialismus entgegengehalten werden können.

Die Produktionskapazität und das Kriegspotential der Alliierten, ihr Lebensstandard, ihre wirksame Kontrolle der Preise und Profite, die Art und Weise, in der sie die Arbeitslosigkeit besiegt und das Wirtschaftssystem umgestaltet haben, ohne die Arbeiterbewegung zu zerschlagen –, all dies kann dem deutschen Volk auf eine Weise nahegebracht werden, die die nationalsozialistischen ›Errungenschaften‹ als das zeigt, was sie wirklich sind: Verbrechen. Für die Übermittlung solcher Tatsachen sind Statistiken ungeeignet; kurze Berichte aus erster Hand über Vorfälle auf Werften, in Fabriken, Straßen und Läden, bei militärischen und wirtschaftlichen Unternehmungen werden in dieser Hinsicht viel mehr leisten.

Jedoch hängt alles von dem Zusammenhang ab, in den die Tatsachen gestellt werden. Anders gesagt, es geht darum, wie sie im Fortgang und nach Beendigung des Krieges verwendet werden sollen. Das geht im Augenblick natürlich über die Sprache der Tatsachen hinaus und gehört einem anderen Entwicklungsstadium der Gegen-Propaganda an, das wir später noch diskutieren werden. Weil jedoch der Gesamtzusammenhang der Tatsachen auch ihre Darstellung bestimmt, wollen wir hier zumindest einen entscheidenden Faktor erwähnen.

Wir haben bereits erwähnt, daß sich zum gegenwärtigen Zeitpunkt eine klare Unterscheidung zwischen dem deutschen Volk und dem Naziregime nicht begründen läßt. Insoweit sich die Gegenpropaganda an die Mehrheit des deutschen Volkes und nicht an bestimmte gesellschaftliche Gruppen wendet (was gesondert erörtert werden muß), muß sie in Rechnung stellen, daß diese Mehrheit dem Regime immer noch eng verbunden ist. Folglich darf nicht der geringste Zweifel daran gelassen werden, daß die Alliierten fest entschlossen sind, den Krieg bis zur endgültigen Vernichtung des Nationalsozialismus und des von ihm errichteten Systems zu führen. Anders gesagt, es muß unbezweifelbar sein, daß nicht etwa ein Wechsel innerhalb des Systems, sondern einzig seine Abschaffung das Ende des Krieges herbeiführen wird. Und hier lautet die das deutsche Volk ausschließlich interessierende Frage: Was wird nach dem Krieg geschehen? Wird man lediglich eine Form der Unterdrückung und Reglementierung gegen eine andere eintauschen? Wir haben bereits auf den Fatalismus hingewiesen, in den die nationalsozialistische Sachlichkeit einmündet: Die einzige Alternative ist die vollständige Vernichtung. Je weiter der Krieg fortschreitet, desto mehr ist der deutsche Geist von dieser Vorstellung besessen, und die letzten Reden der Naziführer waren in auffallender Weise davon beherrscht. Sie ist das vielleicht stärkste Abwehrmittel gegen jede Art von Gegenpropaganda. Im Augenblick scheint nur eine negative Handhabung im Bereich des Möglichen zu liegen: die offizielle Widerlegung aller imperialistischen Programme, die Ausweitung des Prinzips der Selbstbestimmung und der repräsentativen Demokratie, der Kampf gegen die monopolistische Aneignung von Rohstoffen und Märkten.

Die Mehrheit der deutschen Bevölkerung wird immer noch von offenkundig ›antikapitalistischen‹ Gefühlen beherrscht. Das Schlagwort von den ›proletarischen Nationen‹ und ihrem Krieg gegen die ›Plutokraten‹ ist die wahrscheinlich populärste Parole der Nazis geblieben.[34] Allerdings kann die Reglementierung der deutschen Kriegswirtschaft kaum die Tatsache verdecken, daß die deutschen ›Plutokraten‹ ihre Macht erhalten und sogar ausgebaut haben, und so bleibt denn die Nazipropaganda auch sorgfältig auf den ›Kapitalismus‹ in anderen Ländern beschränkt. Darüber hinaus richten sich die antikapitalistischen Gefühle der meisten Deutschen (im Gegensatz zu den Oppositionellen und Widerstandskämpfern) gegen das Großeigentum und das ›Finanzkapital‹, nicht aber gegen das Privateigentum an sich. Erträumt wird vielmehr die Renaissance des Kleineigentümers und die Abschaffung monopolistischer ›Ausbeutung‹. Auch hier kann die Gegenpropaganda Tatsachen mit Tatsachen konfrontieren. Die Wirtschaftsentwicklung in den westlichen Ländern braucht keinen Terror, um die Bedeutung des Handels- und Finanzkapitals zugunsten der Industrie zu verringern. ›Wall Street‹ ist nicht mehr das Symbol für die tatsächliche Machtverteilung. Zudem hat, was am wichtigsten ist, die demokratische Regierung selbst den Kampf gegen schädliche monopolistische Konzentrationsformen und Praktiken aufgenommen. Die von den Untersuchungskomitees des Kongresses vorgelegten Berichte wie auch die von den verschiedenen Regierungsstellen vorgeschlagenen und eingeleiteten Maßnahmen bilden den angemessenen Rahmen für eine den Beteuerungen der Naziführer widersprechende Darstellung der Tatsachen. An ihnen läßt sich zeigen, daß die demokratischen Länder im Kampf gegen den Übergriff monopolistischer Interessen auf die allgemeine Wohlfahrt erfolgreicher sind als die faschistischen Staaten.

Immer noch fürchten und respektieren die Deutschen die amerikanische Effizienz und sehen in ihr den vielleicht einzigen gleichwertigen Gegner. Die zentrale Aussage einer Logik und Sprache der Tatsachen muß auf diese Einheit von Demokratie und höherer Effizienz abzielen. Sie läßt sich nicht nur an der Kriegs-, sondern auch an der Heimatfront beweisen. Mit Fotografien und Zeitungen kann auf beeindruckende Weise dokumentiert werden, welches Ausmaß an Freiheit und Bedürfnisbefriedigung demokratische Völker selbst im totalen Krieg genießen. Diese Freiheiten und Möglichkeiten der Bedürfnisbefriedigung sollten der nationalsozialistisch verordneten ›Reinheit‹ und der Armseligkeit der vom Regime gewährten ›Vergnügungen‹ entgegengestellt werden. Ferner läßt sich zeigen, auf welche Weise diese Freiheiten in den Demokratien mit militärischer Stärke, voller Leistungsfähigkeit und einem besseren Lebensstandard einhergehen, ohne dabei auf einige privilegierte Gruppen beschränkt zu sein.

ad 2: *Die Sprache der Erinnerung*

Der zweite Schritt in der Entwicklung einer Gegen-Sprache könnte in der allmählichen Aufweichung und Zersetzung jener zynischen Sachlichkeit bestehen, die das deutsche Volk an das Regime bindet. Dieser Schritt muß selbst wiederum auf Sachlichkeit beruhen, das heißt, er setzt eine ständige Steigerung der alliierten Kriegsanstrengungen sowie eine Zunahme der Probleme und Rückschläge des Naziregimes voraus. Sind diese gegeben, so kann die Sprache der Tatsachen durch eine andere Sprache, die wir die Sprache der Erinnerung nennen wollen, unterstützt und ergänzt werden.

Die Erinnerung an die Vergangenheit war eines der stärksten psychologischen Hilfsmittel der Nazipropaganda. Wir haben oben gesagt, daß im nationalsozialistischen Deutschland die Vergangenheit durch die Gegenwart absorbiert worden sei, doch blieb jene in dieser – stilisiert zur endgültigen Eroberung der Vergangenheit – erhalten. Daß Hitler seiner Zuhörerschaft die sprichwörtlichen

›Vierzehn Jahre‹ [der Weimarer Republik, d. Ü.] wieder und wieder einhämmerte, war mehr als nur ein rhetorischer Trick. Diese Zauberformel öffnete die Pforten, durch welche die Enttäuschungen, Leiden und Niederlagen der Vergangenheit in die Gegenwart einbrachen, so daß die Menschen bei dem Zuflucht suchten, der die Vergangenheit konsekrierte. Wir haben die aufs Katastrophische gerichtete Konzeption der Zukunft erwähnt, die der Nationalsozialismus entworfen hat, und wir treffen nun auf eine gleichermaßen katastrophische Konzeption der Vergangenheit. Zwischen diesen beiden Katastrophen wird die Gegenwart zermahlen, und darum scheint das deutsche Volk blind für die tatsächlichen Geschehnisse zu sein. Wir haben darauf verwiesen, daß der Nationalsozialismus ein Ventil für das Unbehagen an der Vergangenheit geschaffen und es damit in ein Ferment der Kohäsion und Kontrolle verwandelt hat. Die ›Vierzehn Jahre‹ symbolisieren dieses Unbehagen äußerst konkret und wirkungsvoll, weil hierin nicht die autoritäre, sondern die demokratische Regierungsform diskreditiert wird.

Die Herrschaft der Vergangenheit über die Gegenwart könnte vermittels der Erinnerung zum Hebel werden, mit dessen Hilfe die Gegenwart aufzubrechen wäre. Die Erinnerung hätte dann die Aufgabe, Bilder wiederzuerwecken, die den gegenwärtigen Terror kenntlich machen. Denn die Vergangenheit bestand nicht nur aus Enttäuschung und Elend, sondern enthielt auch das Versprechen der Freiheit. Ungezählte Deutsche haben im Kampf um die Erfüllung dieses Versprechens ihr Leben gelassen. Das deutsche Volk hat weder die Verräter noch die Märtyrer der Freiheit vergessen. Die Namen der Märtyrer sind in Acht und Bann getan, und wer ihnen die Treue hält, wird mit Folter und Tod bestraft. Aber es gibt noch eine weitere Form, die die lebendige Erinnerung befreien könnte, nämlich die Kunst. Schon immer bestand eine ihrer wesentlichen Funktionen darin, die Gegenwart durch das Versprechen von Freiheit und Glückseligkeit zu erhellen, und diese Funktion könnte im gegenwärtigen Kampf eine neue Bedeutung erhalten.

Die Rolle der Kunst in der politischen Propaganda stellt ein äußerst schwieriges Problem dar, und eine falsche Konzeption kann mehr Schaden anrichten als der Verzicht auf diese Waffe. Doch sollte es angesichts der geringen Anzahl von Waffen erlaubt sein, einige Vorschläge zu machen. Die Ausstrahlung ›klassischer Meisterwerke‹ über den Rundfunk dürfte vermutlich wenig bewirken. Abgesehen davon, daß es auch in Nazideutschland ausgezeichnete Aufführungen solcher Werke gibt, sprechen sie für deutsche Ohren nicht die Sprache der Erinnerung. Die neue deutsche Mentalität kann in ihnen keinen ›Wahrheitswert‹ entdecken: Sie werden nicht als Bilder wirklicher Versprechungen und Entwicklungsmöglichkeiten verstanden. Darüber hinaus besitzen sie nicht mehr jene Kraft der ›Verfremdung‹, die für die politische Funktion von Kunst konstitutiv ist. Um diese Funktion erfüllen zu können, muß das Kunstwerk der Welt, die es anklagt, derartig fremd gegenüberstehen, daß es mit der Wirklichkeit nicht mehr ausgesöhnt werden kann, während es zugleich auf diejenigen zugehen und sie in ihrer unverstellten Sprache anreden muß, die unter der Wirklichkeit leiden. Heutzutage muß das ›politische‹ Kunstwerk schlaglichtartig die absolute Unvereinbarkeit der vorherrschenden Wirklichkeit mit den Hoffnungen und Entwicklungsmöglichkeiten der Menschen beleuchten. Die Kunst der Klassiker ist in Nazideutschland jedoch zum Bestandteil der offiziellen ›Kultur‹ gemacht und dabei gezähmt und mit den herrschenden Denk- und Gefühlsmustern ausgesöhnt worden. Und wo sie diesen Domestikationsprozeß überlebten, sind sie durch den Geist der Sachlichkeit getötet worden, der Kunst als vorgeschriebenes Reiz- und Erholungsmittel akzeptiert. Nicht ohne Grund konzentriert sich Hitlers ›Kunstauffassung‹ auf den Nützlichkeitsaspekt von Kunst.[35] Für ihn ist sie Stimulans und Zierat im Prozeß der Unterwerfung.

Will die Kunst wirksame Waffe im Kampf gegen den Faschismus sein, muß sie kompromißlos, ohne Wenn und Aber, die Wahrheit sagen. Diese schlichte Tatsache bedingt einen grundlegenden Wandel der formalen Strukturen von Kunst. Sie kann die Wirklichkeit nicht länger ›abbilden‹, denn diese hat den Bereich einer angemessenen ›ästhetischen‹ Repräsentation längst verlassen. Der Terror, aber auch die Leiden der Widerstandskämpfer sind größer als die Kraft künstlerischer Einbildung. Aber die Gesetze, die diese Wirklichkeit regieren wie auch die Versprechungen und Entwicklungsmöglichkeiten, die dadurch zerstört worden sind, können in einer anderen Form sichtbar gemacht werden, und auch diese Form gehört in den Bereich der Kunst. Ihre angemessenste Darstellung erfahren sie nämlich dann, wenn sie in ihrer ganzen phantastischen ›Unwirklichkeit‹ dargestellt werden. Unsere Sprache und Sinne waren auf eine Welt eingestellt, in der ›Wirklichkeit‹ die dunklen Seiten der Existenz ebenso einschloß wie die hellen, Freiheit und Enttäuschung, Hoffnung und Verzweiflung gleichermaßen umfaßte. In dieser Hinsicht transzendierten unsere Sprache und unsere Sinne die Wirklichkeit auch dort, wo sie sie lediglich beschrieben. Im Gegensatz dazu hat der Nationalsozialismus die im Denken und in der Wahrnehmung vorhandenen transzendierenden Elemente vernichtet. Folglich kann seine Welt nicht mehr auf traditionelle Weise dargestellt und wiedergegeben werden. Im Hinblick auf diese tradierten Formen ist die Welt des Nationalsozialismus eine ›irreale‹ Welt. Die ganze Wahrheit über diese Welt kann nur in einer Sprache mitgeteilt werden, die nicht mit den auf Versöhnung zielenden Hoffnungen und Versprechungen der Kultur angereichert ist, und noch mehr verbietet sich eine Sprache, die jene Hoffnungen und Versprechungen in der satanischen Form enthält, in welcher der Nationalsozialismus sie verwirklicht hat. So könnte zum Beispiel die wahre Geschichte von Hitlers Aufstieg zur Macht am wirksamsten in Form eines billigen Gangstermelodrams mit einer shakespearehaften Handlung voller Betrug, Mord, Verrat und Verführung geschildert werden (der deutsche Dichter Bertolt Brecht hat einen solchen Versuch unternommen).

ad 3: *Die Sprache der Umerziehung*
Das Licht, das die Sprache der Erinnerung auf die Vergangenheit und die Gegenwart zu werfen vermag, kann nur eine Hilfsfunktion haben, denn es kann die Tatsachen, von denen alles abhängt, weder schaffen noch transformieren. Und das gilt auch für den dritten Schritt in der Entwicklung einer Gegen-Sprache, nämlich für die Sprache der Umerziehung.

Führende amerikanische und britische Politiker haben wiederholt die Auffassung vertreten, daß die bloße Wiederherstellung des Status quo ante keine Garantie für die Vernichtung des Nationalsozialismus böte. Darauf bezieht sich Henry Wallaces Bemerkung, daß ›die Revolution der letzten 150 Jahre nicht vollendet worden ist‹ und ›nicht enden kann, bevor nicht die Befreiung von Not und Elend tatsächlich erreicht worden ist‹. Auch Sumner Welles' Erklärung, daß ›das Zeitalter des Imperialismus beendet ist‹, verleiht dieser Tatsache Ausdruck.[36] Man darf nicht übersehen, daß der Nationalsozialismus alles in seiner Macht Stehende getan hat, um im Bewußtsein der Deutschen jegliche Erinnerung an den Status quo ante auszulöschen, und die Auswirkungen dieses Unterfangens werden sich nicht so einfach beseitigen lassen.[37] Vielleicht ist der Bruch zwischen dem alten und dem neuen Deutschland an dieser Stelle am schärfsten ausgeprägt. Deutschland kann nicht in die Vergangenheit zurück, auch wenn es das gerne möchte, und dies nicht nur aufgrund der objektiven Bedingungen der internationalen Wirtschaftsentwicklung. Die nationalsozialistische Erziehung zu technologischer Rationalität und Effizienz hat die Denk- und Verhaltensmuster der Menschen in allen Bevölkerungsschichten viel grundlegender verändert als der so laut verkündete Bruch mit überkommenen Tabus. ›Innerlichkeit‹ und ›Romantizismus‹, tradierte deutsche Haltungen, in denen sich auch die politische Unreife breiter Teile der Bevölkerung niederschlug, sind vom Nationalsozialismus durch die politische Mobilisierung zerstört worden.

Allerdings könnte das deutsche Volk durch eben diese totale Politisierung, der es durch das Naziregime unterworfen ist, ganz gegen den Willen seiner Führer zur politischen Selbstbestimmung befähigt werden. Das Volk hat gesehen, wie leicht es den Nazis fiel, all jene Regierungsfunktionen zu übernehmen und auszuführen, die zuvor das Privileg einer für solche Aufgaben besonders ausgebildeten und nach außen abgeschotteten privilegierten Gruppe gewesen waren. Die beherrschten Massen haben erfahren, mit welcher Effizienz diese Bande den Produktions- und Distributionsprozeß ›planen‹ und reglementieren, die drohende Inflation und andere ökonomische Probleme handhaben und die Industrie auf volle Leistungsstärke bringen konnte. Der Nationalsozialismus hat die höchsten Regierungs- und Verwaltungsaktivitäten jener übersteigerten Eigenschaften, durch die sie den Augen und Händen der regierten Massen entglitten, beraubt und zum Alltagsgeschäft gemacht. Natürlich hat die Nazibande diese Aktivitäten damit zugleich zum eigenen krummen Geschäft gemacht, aber diese Vereinnahmung ist eine reine

Machtfrage und hat mit besonderen Fähigkeiten und Einfallsreichtümern nichts zu tun. Zudem kann diese Macht gebrochen werden. Und die nüchterne Haltung, zu der die Bevölkerung ausgebildet worden ist, kann ihr Bewußtsein für die schreienden Widersprüche zwischen der durchrationalisierten Industrie und ihren totalitären Beschränkungen, zwischen der gigantischen Produktivkraft und ihrer Zweckverwendung, zwischen dem potentiellen Reichtum und dem tatsächlichen Terror schärfen.

Es kann jedoch geschehen, daß all diese Erkenntnisse und Einsichten im Keim erstickt werden. Ohne die Mittel zu ihrer Verwirklichung bleiben sie ohnmächtig. Auf die Selbstauflösung des nationalsozialistischen Systems zu warten, heißt vergeblichen Hoffnungen nachjagen. Wenn der neuen deutschen Mentalität irgendwelche befreienden Kräfte innewohnen, können sie nur im erfolgreichen Kampf gegen das Regime ihrer Fesseln entledigt werden. Zu diesem Kampf gehört die Umerziehung selbst, das heißt, die Emanzipation und Kultivierung dieser Kräfte.

Der Nationalsozialismus erhält seine Macht, indem er wirkliche Sicherheit gegen potentielle Freiheit ausspielt. Der deutschen Bevölkerung stand die totalitäre Sicherheit näher als die demokratischen Freiheiten, die sie in der Weimarer Republik genossen hatten. Es gehört zu den Grundprinzipien der Nazipropaganda, die Unvereinbarkeit von (demokratischer) Freiheit und Sicherheit, von Menschenrechten und Vollbeschäftigung, von Chancengleichheit und Machtbalance zu predigen. Demokratie, Freiheit, Arbeitslosigkeit und Armut sind von ihr zu einem grauenerregenden Einheitsbrei zusammengerührt worden. Demzufolge muß die Berufung auf demokratische Freiheiten als Berufung auf Unsicherheit und Arbeitslosigkeit erscheinen. Die Sprecher der Alliierten haben dies in ihre Erwägungen einbezogen und ›allgemeine Sicherheit‹ als Maßstab für die Nachkriegsordnung proklamiert. In Übereinstimmung mit dieser Politik muß jede Umerziehung der deutschen Massen darauf abzielen, die psychologische Verbindung zwischen Sicherheit und Autoritarismus, Vollbeschäftigung und totalitärer Reglementierung zu durchtrennen. Der unterwürfige und autoritäre Charakter der Menschen im Nazisystem ist keine unveränderliche Natureigenschaft, sondern eine historische Form des Denkens und

Verhaltens, die mit der Transformation der Industriegesellschaft in die autoritäre Gesellschaft einhergeht. Folglich wird dieser Charakter nach dem Sieg über die gesellschaftlichen Kräfte, die für diese Transformation verantwortlich sind, verschwinden. Im übrigen lassen sich diese Kräfte im Hinblick auf Nazideutschland genau benennen: es sind die großen Industriekonzerne, die den Kern der Wirtschaftsorganisation des Reiches bilden, sowie die Führungsschichten der Regierungs- und Parteibürokratie. Ihren Herrschaftsbereich aufzubrechen ist Vorbedingung und vorrangiger Inhalt der Umerziehung.

Dergestalt weist Umerziehung über die traditionelle Idee einer Erziehung, die ›die Wahrheit eines vergangenen und nicht des kommenden Zeitalters vermittelt‹, hinaus.[38] Umerziehung soll den Leuten zuallererst beibringen, wie sie ›mehr Nahrungsmittel und Güter‹ – und zwar für die Konsumtion – produzieren können. So etwas muß in der Tat gelehrt und gelernt werden. Denn indem der Nationalsozialismus die Massen in den Zustand irrationaler Aufopferungsbereitschaft versetzte, hat er seiner Mangelwirtschaft einen vernünftigen Anstrich verpaßt. Der wirtschaftliche Wiederaufbau muß also mit einer Erziehung zur ›Befreiung von Not und Elend‹ einhergehen, die im Nationalsozialismus längst zu einer unsinnigen Vorstellung geworden ist.

9. Differenzierungen innerhalb der Gegenpropaganda

Wir haben in unserer Diskussion bislang noch nicht zwischen den einzelnen Bevölkerungsgruppen unterschieden, an die sich die Gegenpropaganda richten soll. Wir sagten oben, daß die erzwungene ›Einigung‹ des deutschen Volkes ein hohes Maß an nicht weiter ausdifferenzierter Propaganda erlaubt, aber je weiter der Krieg und mit ihm der innere Antagonismus der nationalsozialistischen Gesellschaft voranschreitet, desto zwingender wird eine solche Differenzierung.

Zwei Gruppierungen gehören von vornherein nicht zu den Zielgruppen der Gegenpropaganda: zum einen die Stützen, die das Regime in der Großindustrie besaß, sowie die Regierungsbürokratie. Sie werden mit dem Zusammenfall des Regimes alles verlieren und haben von keinem anderen Regime irgendetwas zu erwarten. Sicher werden sie versuchen, sich ›anzupassen‹, doch werden sie in jeder anderen Regierungsform den totalitären Kern bilden.[39] Zum anderen steht auch der aktive Widerstand gegen den Nationalsozialismus außerhalb des Bereichs der Propaganda im engeren Sinne. Diese Gruppierung weiß, was getan werden muß. Was sie von außerhalb benötigt, sind Informationen über Vorgänge, die außerhalb ihres Erfahrungshorizonts liegen sowie Mittel zur Verübung von Sabotage und Gegenterror.

Die Gegenpropaganda richtet sich also im wesentlichen an die Beschäftigten mittlerer und kleinerer Unternehmen, an die freiberuflich Tätigen, ferner an die Bauern und an breite Schichten der Arbeiterschaft. Diese Gruppen überschneiden sich zum Teil mit den unteren Ebenen der Parteibürokratie und den tatsächlichen Parteigenossen. Allerdings handelt es sich hierbei um eine ziemlich kohärente Masse von Gefolgsleuten, bei denen die neue Mentalität am stärksten verwurzelt ist und nur durch den Appell an ihre materiellen und unmittelbarsten Interessen aufgelöst werden kann.

Der Nationalsozialismus hat die Unabhängigkeit der kleinen und mittleren Unternehmen zerstört und ihre Mitglieder zu kleineren Beamten, Angestellten oder Arbeitern gemacht.[40] In ihrer neuen Stellung profitieren sie von der neuen Sicherheit. Angesichts der fortschreitenden technologischen Rationalisierung in allen Industrieländern muß die Wiederherstellung ihrer früheren Unabhängigkeit als rückwärtsgewandte Politik erscheinen. Am meisten fürchten sie den Abstieg ins ›Proletariat‹. Wahrscheinlich würden sie sogar die autoritär garantierte Sicherheit der unsicheren Freiheit des Kleinunternehmertums vorziehen. Sie wissen, daß die alte ›Normalität‹ nicht wiederkehrt. Sie wollen nicht, daß der demokratische Plan für eine Nachkriegswirtschaftsordnung sie dem Herrschaftsbereich der Großindustrie ausliefert oder zu Proletariern macht. Sie wollen nicht im ›freien Fluß der Wirtschaftsgüter‹ versinken. Eine Planwirtschaft, die ihnen einen genau definierten Platz zusichert, wird für sie viel mehr Anziehungskraft besitzen als das Versprechen einer Rückkehr zur gewohnten Normalität.

In den freien Berufen jedoch war Freiheit sehr viel mehr als nur ein ›ideologischer‹ Wert: sie gehörte zum Wesen der Berufsausübung selbst. Folglich gibt es in Nazideutschland keine freien Berufe, und in ihrem Fall muß der Maßstab allgemeiner Sicherheit durch die Berufung auf ihre frühere Freiheit ersetzt werden. Die freien Berufe sind die demokratischen Berufe par excellence, denn sie haben Pressefreiheit, Redefreiheit und Forschungsfreiheit zur Vorbedingung.

Bleiben noch jene Schichten der Arbeiterschaft (unter Einschluß der Bauern), die nicht zum aktiven Widerstand gehören. Bei ihnen stehen Vollbeschäftigung und ein höherer Lebensstandard im Vordergrund. Zwar hat der Nationalsozialismus es sorgfältig vermieden, den Lebensstandard zu stark abzusenken, war jedoch zugleich gezwungen, Vollbeschäftigung mit einer stetigen Intensivierung und zeitlichen Ausdehnung des Arbeitsprozesses zu verbinden. Die Gegenpropaganda kann den Widerspruch zwischen der ›Volksgemeinschaft‹ und der privilegierten Stellung der kleinen Herrschaftsclique, die die Versklavung der Arbeiter notwendig machte, hervorheben. Sie kann jedoch nur wenig tun, um die deutschen Arbeiter davon zu überzeugen, daß es einer demokratischen Friedenswirtschaft gelingen wird, die Verbindung zwischen Vollbeschäftigung und Versklavung zu durchtrennen. Jedoch ist die Vollbeschäftigung nicht nur ein wirtschaftliches, sondern auch ein politisches Problem. Die Alliierten haben immer wieder erklärt, daß die Nachkriegswelt eine ›geplante‹ Welt sein müsse. Welchen Inhalt der neue Plan hat und wie er funktioniert, hängt von der neuen Machtverteilung und der Regierungsform ab, die die befreiten Völker erhalten. Wenn die deutschen Arbeiter glauben, daß sie an der neuen Macht angemessen beteiligt werden, daß sie die Subjekte und nicht nur die Objekte des Plans werden, dann ist ein entscheidender Schritt getan worden, um sie für die Sache der Demokratie zu gewinnen.

Die folgenden Bemerkungen basieren auf Annahmen, die in meinen Memoranden über die ›neue deutsche Mentalität‹ sowie über *Stimmung* und *Haltung* und in Ihrem Memorandum über *German Popular Psychology And Its Implications for Propaganda Policy* skizziert worden sind.

Ungeachtet der bedeutenden Unterschiede zwischen Ihrer und meiner Interpretation stimmen wir in der Annahme einer besonderen Nazi-Mentalität überein, die einen neuen Ansatz in der Propagandaarbeit erforderlich macht. Für diese Mentalität kann der Ausdruck *Haltung* eine nützliche Kurzbezeichnung darstellen. Wir stimmen, so denke ich, fernerhin darin überein, daß das grundlegende Element der neuen Propaganda in einer ›Sprache der Tatsachen‹ liegen muß. Sie steht im Gegensatz zu einer Sprache, die an die ›Moral‹ appelliert, mit Strafe droht oder mit Belohnungen und Versprechungen winkt usw. Zwar könnte mittlerweile der Zeitpunkt gekommen sein, an dem die Sprache der Tatsachen durch andere Appelle unterstützt werden könnte, aber sie muß weiterhin deren eigentliche Grundlage bilden. Die Sprache der Tatsachen zu sprechen heißt nicht, Propaganda auf Rundfunknachrichten zu beschränken, aber es bedeutet, daß alle Nachrichten um ›Tatsachensymbole‹ zentriert sein müssen. Die Exemplare der *German Labor Show*, die Sie mir zur Verfügung gestellt haben, enthalten zahlreiche Beispiele einer perfekten Verwendung der ›Sprache der Tatsachen‹. (Ich verweise dabei nur auf den ins Auge fallenden Kontrast zwischen der jeweiligen Arbeitszeit in Deutschland und Amerika sowie die ausgezeichnete Behandlung des Problems der Fremdarbeiter.) Darüber hinaus vermeiden sie den Kardinalfehler, die Nazi-Ideologie allzu ernst zu nehmen und auf einer objektiven Ebene zu widerlegen. Zugleich verwickeln sie sich jedoch häufig in Widersprüche und verfehlen die wunden Punkte der Nazimentalität.

* Der Name der Person, auf die sich Marcuse hier bezieht, konnte nicht genau ermittelt werden. Es könnte sich um den amerikanischen Politologen Harold D. Lasswell handeln, der als US-amerikanischer Berater das Projekt betreute. (Vgl. Rolf Wiggershaus, *Die Frankfurter Schule. Geschichte, theoretische Entwicklung, politische Bedeutung,* München 1986, S. 308 ff.)

In den Rundfunkberichten wimmelt es von Sätzen wie ›Der Tag rückt unerbittlich und unaufhaltsam näher. [...]‹ ›Das muß vereitelt werden! Die Kriegsverlängerungspläne Hitlers müssen zunichte gemacht werden.‹ ›Der Tag der Abrechnung ist nicht mehr fern.‹ Diese rein antizipatorische Sprache verzichtet auf jede Beeinflussung der deutschen Arbeiter, weil sie nur aus Versicherungen und Erwartungen besteht, die durch Tatsachen und Tatsachensymbole weder vermittelt noch ausgefüllt werden. Die deutschen Arbeiter können in ihr nur allzuleicht eine Art von Wunschdenken erblicken und, was noch schlimmer ist, ein ihnen sehr vertrautes Wunschdenken, dem sie sich hingeben, ohne ihre Wünsche verwirklichen zu können. Damit wären wir ihnen in der Schwäche verbunden statt in der Stärke.

Wir können davon ausgehen, daß die von den Nazis proklamierte *Haltung* den deutschen Arbeitern ebenso aufgezwungen wurde wie den Mittelschichten und der Jugend. In ihrer Mehrheit haben die deutschen Arbeiter das nationalsozialistische System akzeptiert; sie versuchen, sich mit ihm abzufinden und sich ›durchzuwursteln‹. Sie haben noch immer das Gefühl, ›in einem Boot zu sitzen‹ und warten auf das, was da kommen mag. Diese Einstellung wird möglicherweise durch nackten Terror aufrechterhalten, doch ist sie immer noch vorherrschend[41] und kann nicht dadurch beseitigt werden, daß man an die Freiheit appelliert und die Segnungen der Demokratie beschwört. Denn der deutsche Arbeiter denkt bei dem Wort ›Demokratie‹ zuerst an die Weimarer Republik, das heißt, an ständige parlamentarische Auseinandersetzungen, interne Zwistigkeiten, Inflation, Arbeitslosigkeit und Unsicherheit. Und die Erinnerung an ihre ehemaligen Rechte und Freiheiten kann für sie nicht zum Symbol der Befreiung werden, solange diese nur als Spiegelbilder der Vergangenheit verstanden werden. Doch auch als auf die Zukunft bezogene Versprechen können sie nicht zu Symbolen der Befreiung werden, denn die Zukunft kann erst aus dem Schatten der Vergangenheit treten, wenn diese Versprechen eingelöst worden sind.

Wenn ich von der ›Mehrheit‹ der deutschen Arbeiter spreche, dann meine ich damit nicht jene Gruppen, in denen die *marxistische* Tradition der deutschen Arbeiterbewegung noch lebendig ist. Wir wissen nichts über ihre Stärke, doch brauchen diese Gruppen, wie zahlreich sie auch immer sein mögen, keine Propaganda in dem Sinne, in dem die anderen Bevölkerungsschichten sie benötigen. Sie brauchen bestenfalls Informationen über Ereignisse und Maßnahmen, die jenseits ihres Erfahrungshorizonts liegen (wie etwa Einzelheiten über die Verbindung zwischen NSDAP und Großkapital, über deutsche Auslandsinvestitionen oder die Zustände in den besetzten Gebieten).

Ich werde einige Vorschläge für die Propagandaarbeit im Hinblick auf die deutschen Arbeiter unterbreiten, indem ich aus den mir zur Verfügung stehenden Materialien einige Passagen heraussuche.

Häufig wird in Rundfunksendungen der soziale Fortschritt und die Sozialgesetzgebung in Amerika den deutschen Zuständen entgegengesetzt. Den deutschen Arbeitern muß diese Art von Propaganda krude und falsch vorkommen. Die deutschen Zeitungen sind voll mit Berichten darüber, wie es in Amerika aussieht (wobei diese Berichte zumeist amerikanischen Zeitungen und Zeitschriften entstammen). Sie wissen, wie die Wohnbedingungen in den neuen Kriegszentren beschaffen sind, daß die Schwarzen diskriminiert werden, daß es keine umfassende Sozialversicherung gibt. Nazideutschland dagegen unterhält ein allgemeines Sozialversicherungssystem, und die Wohnbedingungen der deutschen Arbeiter haben sich sicherlich nicht verschlechtert. Eine Aussage der Art, *›daß es in Deutschland unter Hitler abwärts ging‹*, können die meisten in dieser Form gar nicht nachvollziehen. Seit 1934 haben sie Vollbeschäftigung. Natürlich herrscht Mangel an Lebensmitteln, sie können nichts kaufen und arbeiten zehn bis vierzehn Stunden am Tag, aber sie glauben, daß sie sich in einem Krieg um ihre Existenz befinden. Unter diesen Umständen kann die Entgegensetzung von sozialem Abstieg in Deutschland und gesellschaftlichem Fortschritt in Amerika nur feindselige oder zynische Reaktionen hervorrufen.

Die Rundfunksendungen rufen die deutschen Arbeiter dazu auf, den Alliierten beim Sturz des Naziregimes zu helfen und Deutschland vom ›Tyrannen‹ zu befreien. Die deutschen Arbeiter, so heißt es, hätten eine *›Mission‹*. Aber genau das erzählt ihnen Hitler schon seit Jahren! Wir sollten sorgfältig darauf achten, die deutschen

Arbeiter *nicht* zur Revolte zu mahnen oder von ihnen auch nur zu verlangen, uns beim Sieg über Hitler zu helfen, denn das könnte leicht die Antwort provozieren, es sei ein fauler Trick, von einem 3000 Meilen entfernten sicheren Ort aus zum Aufstand zu blasen. Und wenn wir um ›Hilfe‹ bitten, könnte man uns leicht entgegnen, daß wir nichts getan haben, um den deutschen Arbeitern 1933-34 zu helfen und somit nicht das Recht besitzen, nun ihre Unterstützung zu erwarten.

Darüber hinaus sollten wir vermeiden, von dem ›Volk, das unter dem eisernen Joch der Hitlerschen Diktatur seufzt‹ zu reden und auch die ›Mächte der Unwissenheit, der Sklaverei und des Krieges‹, die wir ›ein für allemal‹ zerstören wollen, nicht mehr erwähnen. Das alles gemahnt an die Festtagsreden des alten Parteibonzen; ein solches Vokabular kann nur Lachen oder Erschrecken hervorrufen. Die Zuhörer verstehen vielleicht nicht einmal, wovon wir reden. Wir treffen hier auf eines der schwierigsten Probleme, das mit für Nazideutschland produzierten Rundfunksendungen verbunden ist. Wir können nicht von vornherein unter der Voraussetzung arbeiten, daß das Hitler-Regime und die Gestapo für den durchschnittlichen arischen Bürger ebenso schrecklich sind wie für uns und den aktiven Widerstand in Deutschland. Für viele deutsche Bürger ist die Gestapo kaum wirklicher oder schrecklicher als das FBI für den amerikanischen Durchschnittsbürger. Sie wissen, daß das Hitlerregime eine Diktatur ist, aber sie verbinden damit nicht mehr Schrecken als mit der Republik, die ihnen freie Wahlen und Organisationsfreiheit, aber auch Arbeitslosigkeit und Inflation bescherte.

Dies führt uns unmittelbar zu der Frage nach den *Kriegs- und Friedenszielen*, die überdies so formuliert sein sollten, daß die deutschen Arbeiter etwas damit anfangen können. Die demokratischen Freiheiten reichen da ebensowenig hin wie der *›Zusammenschluß der Arbeiter in freien Gewerkschaften‹*. Abgesehen von der Tatsache, daß die Gewerkschaften im Bewußtsein der deutschen Arbeiter auf unzertrennliche Weise mit einem System verbunden sind, das ihnen keine Sicherheit geben noch den Aufstieg des Nazismus verhindern konnte, ist es zweifelhaft, ob die Gewerkschaften das beste Symbol für die zukünftige demokratische Gesellschaft in

Deutschland darstellen. Die deutschen Arbeiter sind ständig mit Geschichten über die erpresserischen Machenschaften und das ›Futterkrippensystem‹ in den amerikanischen Gewerkschaften gefüttert worden, und ihr Glaube an die Wahrheit dieser Geschichten wird nicht dadurch erschüttert, daß man die amerikanischen Gewerkschaften einfach zum Freiheitsmodell erklärt. Alle Friedensziele sind notwendigerweise vage Antizipationen der Zukunft, die auf den deutschen Arbeiter, der völlig der totalitären Gewalt der Gegenwart ausgeliefert ist, wenig Eindruck machen werden. Diese Haltung läßt sich nur aufbrechen, wenn der Wunsch geweckt wird, den Krieg so schnell wie möglich zu beenden. Und auch dies kann nicht durch das Versprechen einer Invasion und der mahnenden Bitte um Hilfe, sondern nur durch die ›Sprache der Tatsachen‹ bewirkt werden: Wir müssen den deutschen Arbeitern zeigen, daß das Hitler-Regime den Krieg fortzusetzen gezwungen ist, weil es die im Interesse der nazibeherrschten Großkonzerne vollzogene ökonomische Ausbeutung und Plünderung des europäischen Kontinents fortsetzen muß. Damit ließe sich die Überzeugung der deutschen Arbeiter, sie würden für die Unabhängigkeit und Freiheit des deutschen *Volkes* kämpfen und Sicherheit und einen wachsenden Lebensstandard genießen, möglicherweise ins Wanken bringen.

Um dieses Ziel zu erreichen, müssen Informationen über Tatsachen vermittelt werden. Die verfügbaren Materialien sind reichhaltig genug. Sie könnten anhand von drei Hauptlinien verwertet werden:

1. geht es um die tatsächliche Expansion der Nazikonzerne in den besetzten und kontrollierten Ländern, die Investitionen im Osten, in den Balkanstaaten, in Westeuropa, sowie um detaillierte Informationen über das schnelle Wachstum der IG Farben, der ›Continental‹-Ölgesellschaft, der Textilindustrie;

2. sollte gezeigt werden, daß Hitlers Wirtschaftspolitik und in einem großen Ausmaß auch seine politischen und sozialen Maßnahmen zunehmend der Stärkung und Erweiterung des Herrschaftsbereichs der Nazikonzerne dienen;

3. sollte die ständig wachsende Verschmelzung zwischen der Nazipartei und den Großkonzernen nachgewiesen und damit ver-

deutlicht werden, daß die ›heldenhaften‹ Partei- und SS-Führer mittlerweile substantielle Geschäftsinteressen vertreten.

Dadurch könnte das Bild des Krieges im Bewußtsein der deutschen Arbeiter allmählich verändert werden. Er würde dann nicht mehr um Deutschlands nationale Existenz, sondern um die Sicherung der von den Bossen in der Nazipartei und den Großkonzernen angehäuften Reichtümer geführt. Damit könnte auch der Glaube an die *Volksgemeinschaft* (der in breiten Schichten der deutschen Bevölkerung wohl noch verbreitet ist) der Erkenntnis weichen, daß die ungleiche Verteilung der Opfer und der Belohnungen zwangsläufig größer wird. (Leider haben sich die Rundfunksendungen in ihrer Berichterstattung über die totale Mobilmachung nicht auf die eindrucksvollen Tatsachen bezogen, die diese Ungleichheit augenfällig machen.)

Anmerkungen

1 Paul Hagen, *Will Germany Crack?*, New York 1942, S. 219. – Vgl. den Aufsatz über ›Private Morale in Germany‹, den das Institut für Sozialforschung dem Office of the Coordinator of Information im April 1942 vorgelegt hat.

2 Die Zerstörung der ›deutschen Metaphysik‹ (des Volkes der Dichter und Denker) durch den neuen Geist der Sachlichkeit begann bereits vor der Machtergreifung durch den Nationalsozialismus. Oswald Spengler gehörte wohl zu den ersten, die die desillusionierte, zynische und pragmatische Haltung als charakteristische Eigenschaft des neuen Cäsarentums interpretierten. Vgl. *Preußentum und Sozialismus*, München 1920, S. 4, 30; sowie *Jahre der Entscheidung*, München 1933, S. 9, 14. – Vgl. auch Fußnote 12.

3 Das ist eine der zentralen Behauptungen in Moeller van den Brucks *Das Dritte Reich* sowie in Alfred Rosenbergs *Der Mythus des XX. Jahrhunderts*. Ernst Krieck hat diese These in all seinen Büchern verfochten.

4 Eine entsprechende Materialiensammlung findet sich in Clifford Kirkpatrick, *Nazi Germany: Its Women and Family Life*, Indianapolis 1938, und in Georg Ziemer, *Education for Death*, New York 1942.

5 *Inside Germany Reports*, Nr. 12, 1940, S. 8; Nr. 20, 1941, S. 3.

6 Die Interpretation basiert auf Franz Neumanns Buch *Behemoth. The Origin and Practice of National Socialism*, New York 1942. (Dt. Fassung: *Behemoth. Struktur und Praxis des Nationalsozialismus 1933-1944*, Köln-Frankfurt/M. 1977.)

7 Paul Hagen, a. a. O., S. 165.
8 Georg Axelsons Bericht, zitiert in Thurman Arnold, *Democracy and Free Enterprise*, 1942, S. 22f.
9 Paul Hagen, a. a. O., S. 253.
10 Karl Vossler, *The Spirit of Language in Civilization*, übers. von Oskar Oeser, New York 1932, S. 82f. (Dt. Fassung: *Sprache als Schöpfung und Entwicklung*, Heidelberg 1905.)
11 A. a. O., S. 107f.
12 Ernst Krieck, ›Der deutsche Idealismus zwischen den Zeitaltern‹, in: *Volk im Werden*, Leipzig 1933, Heft 3, S. 4: »Der deutsche Idealismus muß [...] nach Form und Inhalt überwunden werden, wenn wir ein politisches, ein handelndes Volk werden wollen.« Auch Oswald Spengler verkündete das Ende der deutschen Metaphysik; vgl. vor allem *Jahre der Entscheidung*, a. a. O., Kap. 1: ›Der politische Horizont‹.
13 Dies hat Henry Paechter in einem Aufsatz gezeigt.
14 Die Struktur einer technologischen Sprache ist von Stanley Gerr skizziert worden: ›Language and Science‹, in: *Philosophy of Science*, April 1942, S. 146ff.
15 *The Nazi Primer*, übers. von H. L. Childs, New York 1938, S. 4: Die nationalsozialistische Weltanschauung »ist keine Theorie, sondern der vorhandenen Wirklichkeit genau angepaßt. Die Idee des Nationalsozialismus stammt aus der Erfahrung«.
16 Das ist Hitlers eigene Interpretation. Vgl. *My New Order*, New York 1941; S. 104ff. sowie Robert Ley, *Neue Internationale Rundschau der Arbeit*, April 1941, S. 137.
17 Ernst Jünger, *Der Arbeiter*, Hamburg 1932.
18 Zur mythologischen Schicht der deutschen Mentalität und ihrer konkreten Ausformungen vgl. den bereits zitierten Aufsatz über ›Private Morale in Germany‹ sowie Max Horkheimer, ›The End of Reason‹, in: *Studies in Philosophy and Social Science*, Bd. IX, 1941, Nr. 3, S. 383.
19 In *Mein Kampf* verwendet Hitler den Naturbegriff ausschließlich, um die ›wahren‹ menschlichen Beziehungen und Institutionen ihren ›pervertierten‹ Formen entgegenzustellen, die sie in der christlichen Zivilisation angenommen haben.
20 Ernst Krieck, *Nationalpolitische Erziehung*, Leipzig 1933, S. 34, 37.
21 Franz Neumann, a.a.O., S. 275; Paul Hagen, a.a.O., S. 128.
22 Zur Dienstbarmachung der ›neuen Handlungsfreiheit‹ für die nationalsozialistische Bevölkerungs- und Arbeitspolitik vgl. *Inside Germany Reports*, Nr. 19, 1941, S. 15, sowie *Juristische Wochenschrift*, LX, 1937, Nr. 48, S. 3057f. – Zur Funktion der nationalsozialistischen Festumzüge vgl. E. R. Pope, *Munich Playground*, New York 1941, S. 40.
23 Hitler, *Mein Kampf*, hrsg. von Reynal und Hitchkock, S. 613ff.
24 *The Nazi Primer*, a.a.O., S. 73f.
25 Hitler, *Mein Kampf*, a.a.O., S. 521ff.; *My New Order*, a.a.O., S. 167; Alfred Rosenberg, *Der Mythus des XX. Jahrhunderts*, München 1933, S. 202f., 540f.

26 Diese Haltung ist am überzeugendsten von Oswald Spengler gepredigt worden: ›Aber in der geschichtlichen Wirklichkeit gibt es keine Ideale; es gibt nur Tatsachen. ... Es gibt keine Gründe, keine Gerechtigkeit, keinen Ausgleich, kein Endziel; es gibt nur Tatsachen – wer das nicht begreift, der schreibe Bücher der Politik, aber er *mache* keine Politik.‹ *(Der Untergang des Abendlandes*, Bd. 2, München 1923, S. 468) Dementsprechend muß eine Nation, wenn sie im internationalen Wettbewerb gewinnen will, ›in Form sein (im Sinne des modernen Sports)‹ – darin liegt für Spengler die Definition des Staates *(Jahre der Entscheidung*, a.a.O., S. 24).

27 Hitler, *My New Order*, a.a.O., S. 104f., 200.

28 *Inside Germany Reports*, Nr. 15, 1940, S. 13; Nr. 21, 1942, S. 12f. – Paul Hagen, a.a.O., S. 211.

29 Vgl. den Bericht in der *New York Times* vom 15. März 1942 über das Tagebuch eines deutschen Soldaten an der Ostfront: ›Ich bin überrascht, daß es mir nicht mehr ausmachte, eine Frau gehängt zu sehen. Es machte mir sogar Spaß. – Habe an meinem Geburtstag Leichen ausgegraben und ihnen das Gesicht zerschlagen. – Mein Schatz wird ›ja‹ sagen, wenn sie erfährt, daß ich heute einen Russen aufgehängt habe.‹

30 Hans Frank, der Generalgouverneur von Polen, hat selbst den nationalsozialistischen Staat mit einer perfekt funktionierenden Maschine verglichen. Ihm zufolge ist das Funktionieren der Staatsmaschinerie ›eine Sache der Technik‹, und der gesamte Bereich des Staates kann unter Beziehung auf die ›mathematisch-physikalische Methode‹ interpretiert und verstanden werden (›Technik des Staates‹, in: *Zeitschrift der Akademie für Deutsches Recht*, 1941, Heft 1, S. 2). Dieser Vergleich geht über eine Analogie weit hinaus und stellt vielmehr eine angemessene Beschreibung der grundlegenden Mechanismen des nationalsozialistischen Staates dar.

31 Zur Interpretation der Abschaffung von Tabus im Nationalsozialismus vgl. den bereits angeführten Aufsatz über ›Private Morale in Germany‹ sowie meinen Aufsatz ›State and Individual under National Socialism‹.

32 Vgl. die Reden von Hitler und Goebbels nach den Rückschlägen der deutschen Armee im Osten.

33 Ernst Krieck, ›Kulturpleite‹, in: *Volk im Werden*, a. a. O., Heft 5, 1933, S. 69 und 71: ›Radikale Kritik lehrt einsehen, daß die sog. Kultur gänzlich unwesentlich geworden ist und jedenfalls keinen Höchstwert darstellt.‹ – ›Sehen wir endlich auch hier schlicht, wahrhaft und echt, damit die wachsende Kraft und Gesundheit des Volkes nicht durch den Kulturschwindel verfälscht wird.‹

34 Die frühe Nazipropaganda gegen den Versailler Vertrag und die ›Novemberverbrecher‹ wurde geschickt mit einem Appell an die antikapitalistischen Tendenzen in der deutschen Bevölkerung verknüpft (Hitler, *Mein Kampf*, a. a. O., S. 530ff.). Hitler hat die antikapitalistische Propaganda in seiner Rede vom 10. Dezember 1940 wieder aufgenommen *(My New Order*, a. a. O., S. 873ff.).

35 *Die Reden Hitlers auf dem Parteitag der Freiheit 1935*, München 1935, S. 36, 40.

36 P. M. vom 10. Mai 1942; *New York Times* vom 31. Mai 1942.

37 Paul Hagen, a. a. O., S. 246.

38 Henry Wallace, in P. M. vom 7. Juni 1942.

39 Paul Hagen, a. a. O., S. 244-247.

40 Franz Neumann, a. a. O., S. 264f. – *Inside Germany Reports*, Nr. 10, 1940, S. 10.

41 Die Tatsache, daß es keinen merklichen Rückgang in der deutschen Produktion gegeben hat, ist selbst bereits Beweis genug für diese Annahme, die zudem durch Berichte aus Deutschland wie auch durch den Terror der Nazipropaganda bestätigt wird.

II

Darstellung des Feindes*

Eine Analyse der innenpolitischen Zustände in Deutschland scheint die Annahme zu rechtfertigen, daß all jene gesellschaftlichen Gruppen, die – im Unterschied etwa zur Parteibürokratie, den Großindustriellen und Großgrundbesitzern sowie dem Militär – nicht direkt von der Nazipolitik profitieren, ihren Glauben an die neue Ordnung verloren haben. Das heißt nicht, daß die Moral der Deutschen zusammengebrochen ist. Abgesehen davon, daß das Naziregime auf öffentlichen und privaten Kampfgeist in dem Maße verzichten kann, indem es diesen durch technologische und organisatorische Kohärenz ersetzt, sitzt die Bevölkerung mit der Regierung ›in einem Boot‹, und solange das Boot schwimmt, liefe eine oppositionelle Haltung auf Selbstmord hinaus. Aber der Wandel in der Haltung der deutschen Bevölkerung deutet an, wie die Menschen nach der militärischen Niederlage der Nazis für eine aktive Zusammenarbeit mit den Alliierten mobilisiert werden können.

* Das Typoskript »Presentation of the Enemy« umfaßt im Original 13 Seiten. Es ist nicht eindeutig geklärt, ob der Titel von Marcuse selbst stammt. Auch hier ist der Titel in Übereinstimmung mit der amerikanischen Ausgabe gewählt worden. Wahrscheinlich wurde der Text Ende 1942 verfaßt. Zu dieser Zeit war das OWI bereits an Marcuse wegen einer möglichen Mitarbeit herangetreten. Eine Bemerkung Marcuses aus einem Brief an Max Horkheimer läßt den Schluß zu, daß der Titel des Textes auf Marcuse selbst zurückgeht. In diesem Brief spricht er seine Arbeit für das OWI an: »Meine Funktion dort wird es sein, Vorschläge zu machen, wie dem amerikanischen Volk der Feind zu präsentieren ist, in Presse, Film, Propaganda etc.« Die vorliegende Arbeit befand sich in derselben Mappe wie »New German Mentality und »On Psychological Neutrality«.

Uns beschäftigt hier nur ein Aspekt dieses Problems: Wie muß der Feind dem amerikanischen Volk dargestellt werden, damit eine solche Mobilisierung vorbereitet und in schneller Weise durchgeführt werden kann? Dieses Problem liegt nicht in der fernen Zukunft, vielmehr hängt die Bereitschaft des deutschen Volkes zur Zusammenarbeit mit den Alliierten im hohen Maße davon ab, welche Haltung das amerikanische Volk während der entscheidenden Kriegsphasen Deutschland gegenüber einnimmt.

Die Einstellung der deutschen Bevölkerung gegenüber den Amerikanern ist zwiespältig. Einerseits fürchtet sie die Amerikaner als ihren gefährlichsten Feind, andererseits bewundert sie sie und ist bereit, ihnen nachzueifern. Der Grund dafür liegt darin, daß – ungeachtet des offenkundigen ideologischen Konflikts – die Kluft zwischen der deutschen und der amerikanischen ›Kultur‹ im letzten Jahrzehnt zunehmend geringer geworden ist. Dieser Prozeß ist durch die technokratische und pragmatische Politik des Naziregimes selbst beschleunigt worden. Wir können getrost davon ausgehen, daß breite Schichten der deutschen Bevölkerung ängstlich auf die Amerikaner blicken und auf jedes Zeichen warten, das ihnen verraten könnte, ob und wie die Amerikaner die Lage der Deutschen verstehen und welcher Politik sie zu folgen gedenken.

Das amerikanische Volk dagegen scheint sich nicht hinreichend darüber klar zu sein, wie der Feind, der – gewissermaßen über Nacht – zu einem künftigen Verbündeten im Kampf gegen den Nazismus werden kann, seinem Wesen nach beschaffen ist. Sie setzen entweder das deutsche Volk mit den Nazis gleich oder betrachten die Nazis als ›Neben‹-Feinde oder nehmen Klassifikationen vor, die viel zu eng sind und den Tatsachen nicht entsprechen. Folgerichtig gibt es einerseits die Neigung zur objektiven und unparteilichen Bewertung, die den Terror des Feindes neutralisiert und die Entschlossenheit, ihn mit allen verfügbaren Mitteln zu vernichten, hemmt. Diese psychologische Zurückhaltung macht den Nazis mehr Zugeständnisse als selbst die deutsche Bevölkerung. Andererseits besteht die Neigung, den Nazismus unterschiedslos auf alles Deutsche auszuweiten, was zu einer Einstellung führt, die den wirklichen Feind ebenfalls nicht ins Visier bekommt.

Die folgenden Abschnitte versuchen einige Antworten auf die Frage zu geben, wie diese Tendenzen durch eine für das amerikanische Volk geeignete Darstellung des Feindes unterlaufen werden können.

1. Von überragender Bedeutung ist das Problem, ob es gelingt, ein das Wesen des Feindes treffendes sprachliches *Symbol*, einen *Oberbegriff* zu finden. Je komplizierter und verschwommener die tatsächlichen Fronten in diesem erdumspannenden Krieg verlaufen (immerhin befinden sich das bolschewistische Rußland und die Opfer des ›Imperialismus‹ zusammen mit den ›imperialistischen Plutokratien‹ im gleichen Lager), desto wichtiger wird es, ein eindrucksvolles Symbol zu besitzen, mit dem der wahre Feind bezeichnet werden kann. Ein derartiger Begriff muß so weit wie möglich mit der ganzen Schrecklichkeit und Stärke des Feindes aufgeladen sein und zugleich dessen Herrschaftsgebiet gegenüber seinen ›gleichgeschalteten‹ Opfern bestimmen. Der Terminus ›Achse‹ [für das Bündnis Berlin-Rom-Tokio; d. Ü.] ist zu technisch und gefühlsmäßig neutral; ›Totalitarismus‹ hat den gleichen Nachteil und ist zu abstrakt und vage. ›Diktatur‹ verwischt die Unterschiede zwischen Deutschland und Rußland. Die Begriffe ›Tyrannei‹ und ›Despotismus‹ verschieben den Akzent von der sozialen und ökonomischen Realität auf eine bestimmte politische Form und entlasten zugleich jene gesellschaftlichen Gruppen und Kräfte, die diese politische Form unterstützen und erhalten. So scheinen denn ›Nazis‹ und ›Nazismus‹ (*nicht* Nationalsozialismus) die angemessensten Begriffe zu sein. Noch in ihrer Lautung und Struktur lebt etwas von jenem barbarischen Haß und Schrecken fort, der ihre Referenten kennzeichnet. Darüber hinaus sind sie frei von jenen nationalen und sozialistischen Illusionen, die ihre ungekürzte Form vielleicht noch vermittelt. Der Nachteil dieser Begriffe liegt auf der Hand: Ihr Umfang ist zu gering, denn er bezieht sich nur auf das deutsche Regime. Doch sind Italien und Frankreich viel offenkundiger nazifiziert und werden zweifellos nach der Niederlage Deutschlands aus dem Krieg ausscheiden. Im Hinblick auf Japan bietet der amerikanische Ausdruck *›Japs‹* eine natürliche Analogie.

2. Der Oberbegriff wird wirkungslos bleiben, wenn er durch *einander widerstreitende Begriffe* an der Entfaltung gehindert wird. Die Russen werden häufig als ›Rote‹ bezeichnet, obwohl viele dabei die gleichen Gefühle hegen wie bei dem Ausdruck ›Nazis‹ (während hingegen der Ausdruck ›Rote Armee‹ mittlerweile eine anders geartete Konnotation angenommen hat). Und wenn man vom Reich, vom Führer, der Eliteeinheit, der Arbeitsfront usw. spricht, läuft das ebenfalls darauf hinaus, die Feindbenennungen durch einander widerstreitende Begriffe unwirksam zu machen, weil mit ihnen die Naziideologie übernommen und nicht verworfen wird. Solche Begriffe sollten durch Ausdrücke ersetzt werden, die auf die Wirklichkeit des Nazismus Bezug nehmen, wie etwa: Hitler, seine terroristische Bande oder Schlägertruppe, die Zwangsarbeitsorganisation usw.

3. Die größte Unzulänglichkeit der Ausdrücke ›Nazis‹ und ›Nazismus‹ liegt darin, daß sie keine *Differenzierung* zwischen dem Regime, seiner Gefolgschaft und den beherrschten Massen erlauben. In der Berichterstattung über den Feind muß der Begriff also differenziert und auf konkrete gesellschaftliche Gruppen innerhalb des Nazisystems bezogen werden. Eine derartige Differenzierung sollte zwei unterschiedlichen Zwecken dienen: a) müssen jene gesellschaftlichen Gruppen herausgefiltert werden, die kraft ihrer Situation und ihrer Interessen den Grundstock für den Wiederaufbau in der Nachkriegsära darstellen; b) muß der Haß gegen den Feind und die Entschlossenheit, ihn zu vernichten, auf jene Gruppen konzentriert werden, die das Rückgrat des Nazismus bilden. In beiden Fällen muß die Differenzierung unzweideutig klarmachen, welche Politik die Alliierten im Hinblick auf das Europa der Nachkriegszeit betreiben wollen.

Eine diesen Vorschlägen folgende Differenzierung des Feindes wird ferner noch durch die Tatsache kompliziert, daß die Unterscheidung zwischen aktiven und überzeugten Nazis, Mitläufern, Massen und Widerstandskräften quer zu den Trennlinien verläuft, die die gesellschaftlichen Schichten gegeneinander abgrenzen. Abgesehen von den Großindustriellen und den mit ihnen eng verbundenen oberen Rängen von Partei und Staatsbürokratie kann keine der traditionellen gesellschaftlichen Gruppen als definitiv nazistisch oder antinazistisch bezeichnet werden. Sicherlich hat das Regime die Polarisierung der Gesellschaft in die herrschenden Cliquen (die nicht mit der alten herrschenden Klasse identisch sind) einerseits und die reglementierten und manipulierten Massen andererseits beschleunigt, doch haben letztere wenig von einer proletarischen Gegenmacht an sich. Die ehemalige ›Arbeiteraristokratie‹ ist umstrukturiert, aufgebläht und schließlich von der Nazibürokratie absorbiert worden. Mit Ausnahme der im Untergrund tätigen Widerstandskreise sind die Arbeiter mit den Fesseln des Terrors, der sozialen Sicherheit und der Furcht an das Naziregime gekettet. Und jene Teile der Mittelschichten, die nicht den ökonomischen Konzentrations- und Rationalisierungsprozessen zum Opfer fielen, sind wirtschaftlich wie psychologisch in die Politik des Naziregimes eingebunden worden, ohne daß man sie deshalb zu dessen ›natürlichen‹ Stützen rechnen dürfte.

Die einfachste Differenzierungsmethode scheint darin zu bestehen, die *Nazipartei* als den eigentlichen Urheber der Verbrechen hervorzuheben. Diese Methode führt jedoch aus drei Gründen am Ziel vorbei: 1. verdeckt die Anonymität der Partei die stärksten und aktivsten Kräfte, die hinter dem Regime stehen, nämlich die Großindustriellen und die Überbleibsel der alten politischen Bürokratie; 2. ist die Parteimitgliedschaft selbst noch kein Beweis für die aktive Unterstützung des Nazismus, weil sie in vielen Fällen erzwungen oder aus Eigennutz angestrebt wurde; 3. wird die Partei mit dem Sturz des Regimes so schnell und gründlich verschwinden, daß, von den bekannten Figuren an der Spitze einmal abgesehen, einzelne Parteimitglieder gar nicht mehr als solche identifiziert werden können. Umgekehrt werden viele Leute, die in der Partei gar keine Rolle gespielt haben, aber mit den gesellschaftlichen und ökonomischen Grundlagen des Nazismus verbunden waren, sich selbst zu Widerstandskämpfern stilisieren.

Unter diesen Umständen bildet einzig die gesellschaftliche und ökonomische Struktur des Nazismus das solide Fundament für eine differenzierende Darstellung. Diese sollte mithin bei jeder sich bietenden Gelegenheit die wahren Nutznießer und Initiatoren der Nazipolitik, ihrer Maßnahmen und Verordnungen anprangern. Eine solche Vorgehensweise würde die Politik des ›teile und herrsche‹ auf jene anwenden, die dies Instrument so geschickt gegen die Demokraten eingesetzt haben, und da die sozialen Gegensätze in Deutschland unter dem dünnen Schleier der ›völkischen Gemeinschaft‹ viel ausgeprägter entwickelt sind als in den demokratischen Staaten, dürfte es sich als überaus wirksam erweisen, diese Antagonismen bloßzulegen. Wir wollen nur zwei Beispiele nennen: 1. In den Berichten über die gegen die Juden ergriffenen Maßnahmen wurde die Betonung fast ausschließlich auf die führende Rolle und die Grausamkeit von SS und Partei sowie auf den passiven Widerstand der Massen gelegt. Doch hätte man ebenso großes Gewicht auf die Feststellung legen müssen, daß die wirklichen Nutznießer dieser Maßnahmen nicht die kleinen Händler und Kaufleute, sondern die mächtigen Wirtschaftsunternehmen waren. Konkrete Beispiele sind nicht schwer zu finden. Es würde dann offenbar werden, daß die Politik der Nazis dazu dient, ganze Schichten der ›arischen‹ Bevölkerung zu enteignen und zu versklaven. So könnte der mehr oder weniger versteckten Sympathie, die vielen Maßnahmen der Nazis außerhalb Deutschlands entgegengebracht wurde, die Grundlage entzogen werden. 2. Amerikanische Zeitungen haben oft über die Restriktionen berichtet, die das Naziregime der Freiheit von Kapital, Investitionen und Profiten auferlegt. Jedoch ist nur selten davon die Rede, daß ungeachtet dieser Beschränkungen die Position der führenden Wirtschaftsunternehmen eher gestärkt als geschwächt wurde und daß sie in der Naziwirtschaft immer noch die Schlüsselpositionen innehaben. Ein Vergleich zwischen den Gewinnen der großen deutschen Konzerne und dem Reallohnniveau würde geeignetes Anschauungsmaterial bieten. Hier haben wir einen der Fälle, in denen sich eine zweckdienliche Darstellung auf die in die Sache verwickelten Institutionen beziehen sollte und nicht auf einzelne Personen oder Handlungsträger. Letztere können von der Nazipolitik durchaus in ihrer Bewegungsfreiheit und Einflußmöglichkeit eingeschränkt werden, ohne daß die Macht der großen Verbände, Trusts und Kartelle dadurch im geringsten eingeschränkt würde.

4. Ein besonderes Problem bildet die Darstellung der *deutschen Armee*. An anderer Stelle haben wir darauf hingewiesen, wie schädlich es ist, wenn man ihre Stärke, ihre fabelhafte Organisation und den Einfallsreichtum ihrer Generäle ›glorifiziert‹ (eine Methode, die vor allem vom *Time Magazine* betrieben wird). Hier wollen wir uns in erster Linie auf die bemerkenswerten Berichte über tiefgehende Risse zwischen dem alten Offizierskorps einerseits, sowie Hitler und der SS (oder der Nazipartei) andererseits beziehen. Unzweifelhaft gibt es Differenzen, unzweifelhaft ist es zu Auseinandersetzungen gekommen. Es wäre jedoch verhängnisvoll, sie auf eine Weise darzustellen, daß die amerikanische Bevölkerung in der deutschen Armee auf einmal einen potentiellen Vorreiter im Kampf gegen den Nazismus erblickt. Zwar ist nicht auszuschließen, daß sich die Armee in letzter Instanz gegen Hitler und seine Bande stellt, und vielleicht versucht sie bereits, ihn ›kaltzustellen‹, um sich bei passender Gelegenheit einem anderen Regime in die Arme zu werfen, doch kann die deutsche Armee unter keinen Umständen für einen demokratischen Wiederaufbau gewonnen werden, denn sie ist durch ihre gesamte Struktur und Denkweise mit den Interessen und Erfordernissen der imperialistischen Expansion verbunden. Armee und Partei sind zwei Köpfe ein und desselben Ungeheuers. Konflikte zwischen ihnen sollten als das dargestellt werden, was sie sind: Kämpfe zwischen rivalisierenden Cliquen, die um die wirksamsten und gewinnträchtigsten Methoden ringen, mit deren Hilfe das deutsche Volk kontrolliert und der Herrschaftsbereich der Führungsschichten abgesichert wird. In den besetzten Gebieten war die deutsche Armee in alle nur denkbaren Grausamkeiten verwickelt, hat Folter, Unterdrückung und Ausbeutung nicht nur gebilligt und initiiert, sondern sich selbst aktiv daran beteiligt. Von diesen Handlungen muß die amerikanische Bevölkerung erfahren, wenn sie sich ein vollständiges Bild von der deutschen Armee machen will.

5. Wenn die amerikanische Presse *Reden und Schriften* von prominenten Nazis dokumentiert und analysiert, scheint sie sich von den Maßstäben akademischer Objektivität und Genauigkeit leiten zu lassen. Hitlers Äußerungen werden en détail nach Anzeichen von

Angst und Schwäche durchkämmt, und die Übersetzung verleiht ihnen eine Aura von Rationalität und Kohärenz, die dem deutschen Text ersichtlich fehlt. Eine solche Verfahrensweise macht die Nazihäuptlinge zu Orakeln, deren Worte Angst und Hoffnung für die Welt bedeuten. Damit wird die Legende vom ›Führer‹ nur noch stärker befestigt. Wir brauchen keine komplizierten Interpretationen Hitlerscher Reden, um herauszufinden, ob er in optimistischer oder pessimistischer Stimmung ist. Statt den Nazireden einen breiten und würdevollen öffentlichen Rahmen zu verschaffen, sollten wir sie mit einer Art verächtlicher Überlegenheit behandeln. Natürlich wäre es höchst schädlich, die tatsächliche Macht und die Bestrebungen der Nazis lächerlich zu machen, doch ihre Reden und sonstigen ideologischen Verlautbarungen sollten am besten durch die Präsentation der Verachtung preisgegeben werden.

6. Die öffentliche Meinung in Amerika hält den Nazismus in erster Linie für eine deutsche oder wenigstens eine europäische Angelegenheit, und der Krieg hat diese Interpretation noch verstärkt. Aber die Gesellschaftsstruktur des Systems, mögen wir sie staatssozialistisch oder staatskapitalistisch nennen, besitzt unzweifelhaft *internationale Auswirkungen und Verzweigungen*, die über die augenblicklichen Kriegsfronten hinausreichen. Militärische Expansion und Besetzung fremder Länder sind nicht die einzigen Merkmale, die den internationalen Aspekt des Nazismus bekunden, und die psychologische Kriegsführung ist nicht die einzige Möglichkeit, mit ›friedlichen‹ Mitteln in eine Demokratie einzufallen. Allerdings werden diese beiden Charakterzüge des Nazismus am häufigsten hervorgehoben. In den demokratischen Staaten gehen die entscheidenden Impulse für den Faschismus von den dort ansässigen Bürgern aus, und die ihn vorantreibenden Kräfte finden sich in den Schlüsselpositionen der großen Wirtschaftsunternehmen. Der Isolationismus war nicht nur in militärischer, sondern auch in politischer Hinsicht falsch. Auch wenn eine Invasion technisch unmöglich oder sehr unwahrscheinlich ist, ist der Kampf gegen den Nazismus immer noch ein Kampf für die eigene Heimat, für die elementarsten Rechte und Freiheiten der Menschen in ihrem eigenen Land. Dieser Aspekt sollte bei der Darstellung des Feindes eine

angemessene Rolle spielen. Gerade weil die Amerikaner in Übersee kämpfen, Tausende von Meilen von ihrem unangreifbaren Heimatland entfernt, konnte der Krieg relativ einfach als ›imperialistische‹ Angelegenheit diffamiert werden. Wird aber der politische Charakter des Krieges betont, könnten die möglichen Auswirkungen solcher Propaganda auf die amerikanische Öffentlichkeit rechtzeitig neutralisiert werden.

7. Es ist schon häufig gesagt worden, daß das Fehlen hinreichend *konkret formulierter Kriegs- und Friedensziele* eine der größten Schwächen in der augenblicklich vorherrschenden Darstellung des Feindes ausmacht. Sie müßten die Welt des Feindes derjenigen Welt, für die die Alliierten kämpfen, auf überzeugende Weise entgegenstellen. Auch hier besteht das Problem nicht darin, akademische Formulierungen, sondern treffende Begriffe zu finden. ›Freiheit‹, in diesem Bereich immer noch der Leitbegriff, scheint in dem Maße, wie seine Bedeutung sich im Verlangen nach sozialer Sicherheit und Vollbeschäftigung erschöpft, seine Anziehungskraft zu verlieren. Denn diese sozialen Ziele lassen sich auch ohne die Bewahrung der Freiheit erreichen und fungieren in der Nazipropaganda als erstrangige Aktivposten. Darüber hinaus scheinen große Teile der Bevölkerung in den demokratischen wie auch in den faschistischen Staaten Freiheit und soziale Sicherheit mittlerweile für wechselseitig sich ausschließende Begriffe zu halten und der Sicherheit den Vorrang zu geben. Diesen Trend in der öffentlichen Meinung können auch Propagandamaßnahmen nicht umkehren, weil er in der strukturellen Transformation der Gesellschaft, in ihrem Übergang von der Marktwirtschaft zur Planwirtschaft, verankert ist. Einer der eindrucksvollsten Versuche, ›Freiheit‹ und ›Sicherheit‹ in einem neuen Begriff von ›freier Sicherheit‹ zusammenzuschweißen, findet sich in Henry Wallaces ›Epoche des Durchschnittsmenschen‹. Das auf die Gesellschaftsordnung des Feindes zielende Pendant könnte dann etwa ›Epoche der Wirtschaftsdiktatoren‹ lauten.

8. Dieses Problem besitzt noch einen allgemeineren Aspekt, der sich auf die systematischen Grundlagen der Inhaltsanalyse bezieht:

Mit welcher *Art von Begriffen* läßt sich der Feind am wirkungsvollsten darstellen? Diese Frage kann nur durch eine gründliche Analyse der im Feindesland vorherrschenden gesellschaftlichen Situation und ihrer Weiterentwicklung beantwortet werden. Denn die Begriffe sollten sich nicht nur an das amerikanische Volk, sondern auch an jene Bevölkerungsgruppen in den Feindstaaten wenden, die vom Regime losgeeist und später zu den zentralen Kräften des Wiederaufbaus gemacht werden können. Sie sollten dazu befähigt werden, den Feind auch als ihren Feind zu begreifen, und zu erkennen, daß ihre Interessen und Ziele in diesem Krieg anders gelagert sind als die des Regimes.

Aus den verfügbaren Materialien läßt sich ein Grundsatz ableiten, der für die Wahl wirksamer Begriffe den Schlüssel enthält: *Begriffe, die Forderungen ausdrücken, müssen Begriffen, die Tatsachen ausdrücken, konsequent untergeordnet und so weit wie möglich durch letztere ersetzt werden.* Wir haben versucht, dieses Prinzip in unserem Memorandum zur ›Neuen deutschen Mentalität‹ näher zu begründen. Es ist im übrigen, wie sich anhand von Fakten einwandfrei belegen läßt, auch für den amerikanischen Bereich gültig. Das durch technologische Rationalität und pragmatische Sachlichkeit geprägte Zeitalter der Massenproduktion und -konsumtion hat die Haltung der Menschen gegenüber den Schlagworten und Idealen der liberalistischen Ära verändert: Sie interpretieren diese Ideale und Schlagworte im Hinblick auf die ungeschminkten Tatsachen der gesellschaftlichen Wirklichkeit, und wenn diese den Idealen nicht entsprechen, passen sie ihre Denkweise und ihre Handlungen an die Tatsachen an und nicht an die Ideale. In dieser Haltung liegt ein Stück kritischer Realismus, der den Tatsachen weitaus mehr Autorität einräumt als selbst den höchstgeschätzten Werten. Angesichts dieser wachsenden Anziehungskraft tatsachenbezogener Begriffe haben wir vorgeschlagen, daß bei der Darstellung des Feindes die Realität des Naziregimes ihres mystischen oder rationalen Schleiers entkleidet und in ihrer wahren Bedeutung gezeigt wird, das heißt, in der, die sie für den ›Durchschnittsmenschen‹ besitzt.

Selbstverständlich ist es sehr viel schwieriger, tatsachenbezogene Begriffe zur Darstellung von Kriegs- und Friedenszielen zu finden, denn natürlich werden alle diesbezüglichen Aussagen die Form von ›Erwartungen‹ besitzen und sich auf zukünftige Werte und Ereignisse beziehen. Dennoch sollte die zukünftige Politik sich bereits in der gegenwärtigen spiegeln, so daß tatsachenbezogene Begriffe auf diese Weise zum Träger gesicherter Erwartungen werden können. Die Behandlung von ›Quislingen‹ in den befreiten Gebieten liefert dafür ein gutes Beispiel, und der Begriff ›Quisling‹ ist mit Erwartungen aufgeladen.

Was den Feind angeht, so sollte die Nachkriegsordnung vor dem Hintergrund gegenwärtiger Institutionen, Handlungsträger, Verhältnisse und Organisationen erörtert werden. Es wäre also in negativer Hinsicht deutlich zu machen, welche Institutionen usw. zerstört und abgeschafft werden. Positiv sollte die neue Ordnung, die an die Stelle der alten Organisationen treten soll, im Hinblick auf vordringliche Alltagsinteressen skizziert werden und nicht die Form eines weltumspannenden Reißbrettentwurfs annehmen.

III

Über psychologische Neutralität*

Der gegenwärtige Krieg hat die traditionelle Einstellung der Zivilbevölkerung gegenüber dem Feind von Grund auf verändert. Die Menschen hassen nicht, noch lassen sie sich von leidenschaftlicher Begeisterung und Entschlossenheit fortreißen, vielmehr ist ihre Haltung durch Sachlichkeit und Gleichgültigkeit bestimmt. Daß die Nazis erst vor kurzem jenen leidenschaftlicheren Haß und Egoismus, der ›das Verlangen nach Unparteilichkeit und Gerechtigkeit‹ überwindet[1], gefordert haben, zeigt, welcher Wertschätzung sich dieses Verlangen in Deutschland erfreut. Es ist indes keineswegs auf Deutschland beschränkt. Der technologische Charakter des Krieges sowie sein sozialer und wirtschaftlicher Hintergrund haben auch in den demokratischen Staaten zu einer Haltung ›psychologischer Neutralität‹ geführt. Und die Nazis, die diese Einstellung bei der eigenen Bevölkerung heftig bekämpfen, haben alles Erdenkliche unternommen, um die Kampfmoral ihrer Feinde durch die Förderung solcher Neutralität zu untergraben.

Eindrucksvoll zeigt sich dies am Beispiel Frankreichs, wo die psychologische Neutralität in weiten Teilen der Bevölkerung zur Ausbreitung von Defätismus und Resignation geführt hat. Die gefährlichen Folgen einer solchen Haltung sind jedoch über Frankreich hinaus von allgemeiner Bedeutung. Die pragmatische Sach-

* Das Typoskript »On Psychological Neutrality« umfaßt fünf Seiten. Es kann davon ausgegangen werden, daß der Text im Frühjahr 1943 begonnen wurde. Diese Arbeit befand sich in derselben Mappe wie »New German Mentality« und »Presentation of the Enemy«.

lichkeit des Alltagslebens, die das Verhalten der Menschen im technologischen Zeitalter prägt, führt dazu, daß die konkreten Umstände, also das je einzigartige Schicksal eines jeden Individuums, in der Gestalt objektiver Mächte, Maschinen und Institutionen begriffen wird. So entledigen sich die Menschen in psychologischer Hinsicht der nahezu unerträglichen Last, die ihnen aufgebürdet wurde. Eine derartige Rationalisierung schützt das Individuum nicht nur vor der Gewalt von Ereignissen, die es in seiner Existenz bedrohen, sondern auch vor der unnachgiebigen Entschlossenheit, gegen diese Bedrohung in jedem Augenblick seiner Existenz zu kämpfen. Der Krieg wird ›so vernünftig, daß es schwer ist, sich noch über ihn aufzuregen‹.[2] Dieser Mangel an seelischer Erregung führt indes nicht zu einer deutlicheren Wahrnehmung der Tatsachen, sondern vielmehr zu Blindheit ihnen gegenüber. Keiner glaubt mehr an Greuelgeschichten, wenn die Wirklichkeit grauenhafter geworden ist als die unglaublichste Geschichte. ›Die Menschen, [...] deren Empörung (im Ersten Weltkrieg) im Interesse des militärischen Sieges schamlos ausgenutzt wurde, schützen sich heutzutage auf neurotische Weise gegen solche Ausbeutung, indem sie gar nicht mehr reagieren, wenn sie mit wirklichen Greueltaten konfrontiert werden.‹[3] Unter den gegenwärtigen Umständen aber kommt der Haß und der Glaube an auch unbestätigte Greuelgeschichten der Wahrheit näher als die ganz und gar vernünftige und leidenschaftslose Beurteilung. Der Terror, mit dem Hitler die Welt überzieht, spricht jeglicher vernünftigen Beurteilung Hohn. Ihm gegenüber sind Haß und Glaube jenseits aller Vernunft die einzig angemessene Reaktion. Eine solche Einstellung ist auch humaner als ›das Verlangen nach Unparteilichkeit und Gerechtigkeit‹, denn nur so kann die Sympathie mit den Opfern und der unbeirrbare Wille, sie zu befreien, zum Leitmotiv des Denkens und Handelns werden.

Der deutsche Ruf nach Haß und Begeisterung zeigt, daß diese psychologischen Faktoren auch direkten Einfluß auf die technische Kriegführung nehmen. Sie befähigen den Menschen zur Bewältigung von Situationen, in denen die Vernunft schon bald kapitulieren würde, lassen ihn Möglichkeiten erkennen, die außerhalb der Reichweite abwägender Beurteilung liegen, bieten ihm die Möglichkeit, mit dem Unerwarteten und Unbekannten fertig zu werden, Waffen zu erfinden und spontane Problemlösungen zu entwickeln, kurzum, die ›Kunst des Improvisierens‹ zu beherrschen. Der deutsche Armeehauptmann, der diese Eigenschaften des russischen Soldaten pries[4], hat erkannt, daß fehlende Begeisterung und ein Übermaß an Vernünftigkeit sich auch in einem durch und durch technologisch bestimmten Krieg als substantieller Mangel erweisen können. Und genau hierin, so die Meinung des deutschen Experten, lag die Hauptursache für das Scheitern der Nazis, die es nicht vermochten, Rußland in die Knie zu zwingen. – Tatsächlich waren auch die Nazis nur dort Meister in der Kunst, das Unmögliche möglich zu machen, wo sie wirklich haßten, nämlich bei der Vernichtung des inneren Feindes, bei der Verfolgung der Hilflosen und Schwachen, bei der Errichtung von Ghettos und Konzentrationslagern.

Aus dieser in der Bevölkerung weit verbreiteten psychologischen Neutralität resultieren zwei Forderungen:

1. muß die Haltung unvoreingenommener Sachlichkeit in der Bevölkerung der faschistischen Staaten bis zu dem Punkt zugespitzt werden, an dem die Menschen den wahren Charakter des Naziregimes erkennen. (Dies Problem wird im Memorandum zur ›neuen deutschen Mentalität‹ erörtert.)

2. muß die in der Bevölkerung der demokratischen Staaten verbreitete psychologische Neutralität dort aufgebrochen werden, wo sie den kompromißlosen Kampf gegen die Achsenmächte behindert. Natürlich verbietet es sich dabei, faschistische Propagandamethoden und die Erziehung zum Haß zu übernehmen. Nur freie Menschen besitzen die leidenschaftliche Entschlossenheit, den Faschismus zu zerschlagen, und diese Entschlossenheit kann nur im entschiedenen Kampf gegen den Faschismus in all seinen Formen und an allen Fronten hervorgerufen und bewahrt werden. Alles, was wir bei uns unternehmen, um Freiheit, Gerechtigkeit und die Gleichheit der Aufopferung zu sichern, wird automatisch den Willen zur Vernichtung des Faschismus stärken.

Diese grundlegenden politischen Maßnahmen sollten jedoch durch eine Kampagne gegen einige Formen der Beeinflussung der öffentlichen Meinung ergänzt werden, die, so trivial sie erscheinen mögen, dennoch das ihre dazu beitragen, eine versöhnliche Einstellung dem Faschismus gegenüber zu fördern. Wir erwähnen hier nur folgende Beispiele:

a) die anscheinend unparteiische und objektive Darstellung des Nationalsozialismus in Presse, Film, Literatur und Radio. Es geht dabei nicht darum, ob einige Maßnahmen des Regimes gut oder diese und jene Nazis ›nicht so schlimm‹ sind. Das System als Ganzes erlaubt es nicht, solche Ausnahmen zu machen. Selbst seine Errungenschaften dienen der Zerstörung, und jeder, der an ihnen partizipiert, macht sich mit dem Schrecken, den das System verbreitet, gemein. Tatsächlich ist dieser Schrecken so gewaltig, daß die wenigen Fälle, die ›vielleicht nicht ganz so schlimm sind‹, die allgegenwärtige Bestialität niemals aufwiegen oder abmildern können. Die einzige wahrhaft objektive und unparteiliche Darstellung liegt in der Enthüllung dieser Bestialität, wo sie sich als Tat äußert: in der Vorgehensweise der deutschen Frontsoldaten, in ihrer Behandlung der Zivilbevölkerung in den besetzten Gebieten, in der Auslöschung der Kranken und Schwachen;

b) die Neigung, den Krieg mit den in Friedenszeiten herrschenden Normen von Komfort und Unterhaltung in Einklang zu bringen. Ihren verabscheuungswürdigsten Ausdruck findet diese Tendenz, wenn Anzeigen wie nationale Aufrufe gestaltet, ›süße Bienen‹ auf eine Ebene mit den Helden gerückt und Nachtclubs zur Unterstützung der Kriegsanstrengungen aufgeboten werden. Eine derartige Politik der ›Lockerung‹ mag der öffentlichen Moral im Ersten Weltkrieg als Stützpfeiler gedient haben, doch entsprechen die damals gültigen Konzepte nicht mehr der gegenwärtigen Situation. Je weiter der Krieg fortschreitet, desto größeren Schaden richtet die Kluft an, die zwischen dem Leben in der Heimat und dem an der Front aufreißt;

c) die Entwertung unserer vordringlichsten Interessen durch die Verniedlichung des Feindes. Comics, Geschichten und Karikaturen, die sich über die Nazis ›lustig machen‹, dienen nur dazu, den Terror des nationalsozialistischen Regimes in milderem Licht erscheinen zu lassen. Als Folge erleidet das Bewußtsein, wenn es mit der Wirklichkeit des Nationalsozialismus und seiner Welt konfrontiert wird, einen Schock, der eine angemessene Reaktion unmöglich machen kann. Will satirische Darstellung eine Waffe der Verteidigung sein, muß sie das wirkliche Wesen ihres Gegenstandes enthüllen, das heißt hier, den Schrecken des Nationalsozialismus ungefiltert darstellen. Dazu aber sind Comics das ungeeignete Mittel;

d) die Neigung, die Errungenschaften der deutschen Armee und insbesondere ihrer Generäle zu glorifizieren und zu ›romantisieren‹ (das zeigt sich besonders deutlich in den Berichten des *Time Magazine* über Rommel, von Bock, Raeder usw.). Solche Darstellungen dienen dazu, die Legende von der deutschen Überlegenheit aufrechtzuerhalten. In den demokratischen Staaten neigen manche Bevölkerungsgruppen dazu, die Effizienz der Nazimaschinerie bei der Bewältigung innenpolitischer Probleme unkritisch zu bewundern (Beseitigung der Arbeitslosigkeit, Rationalisierung, totale Kontrolle von Produktion, Distribution und Konsumtion, Eliminierung von Verschwendung, Beseitigung subversiver Aktivitäten usw.). Diese Gruppen könnten versucht sein, jede Gelegenheit wahrzunehmen, diese deutschen ›Errungenschaften‹ mit den Zuständen in ihrem eigenen Land zu vergleichen und zu dem Schluß kommen, daß der Nazismus alles in allem doch einiges Nutzbringende erreicht hat.

Anmerkungen

1 Goebbels, zitiert nach der *New York Times* vom 3. September 1942.
2 Edmond Taylor, *The Strategy of Terror*, Pocket Book Edition, S. 234.
3 Taylor, a. a. O., S. 169.
4 *New York Times* vom 5. September 1942.

IV

Über soziale und politische Aspekte des Nationalsozialismus*

Wir müssen heutzutage nicht länger die Meinung widerlegen, daß der Nationalsozialismus eine *Revolution* bedeutet. Wenn Revolution eine Änderung in der gesellschaftlichen Gesamtstruktur meint, also die Übertragung der herrschenden Macht auf eine neue soziale Gruppe, die Einführung neuer Standards für die Produktion und Verteilung von Reichtum etc., dann ist der Nationalsozialismus nichts dergleichen. Der folgende Vortrag wird versuchen zu zeigen, daß die gleichen Kräfte und Interessen, die die deutsche Gesellschaft seit dem 1. Weltkrieg bestimmten, letztlich auch den nationalsozialistischen Staat beherrschen.

* Der vorliegende Text befindet sich unter der hier zitierten Überschrift im Max Horkheimer – und nicht im Marcuse-Archiv. Er ist von 1941 und umfaßt im Original 29 Typoskriptseiten mit zahlreichen Streichungen und handschriftlichen Anmerkungen. Das Manuskript ist aller Wahrscheinlichkeit nach eine Vorarbeit zu dem Vortrag »State and Individual under Nationalsocialism«. Der Vortrag war Teil einer Vorlesungsreihe über den deutschen Faschismus, die das Institut Ende 1941 an der Columbia Universität veranstaltete. Marcuse schrieb am 15. Oktober an Horkheimer: »Pollock hat vorgeschlagen, daß ich einen englischen Vortrag über State and Individual under Nationalsocialism halten soll. Vielleicht läßt sich die Arbeit daran für meinen Aufsatz [gemeint ist »Some Social Implications of Modern Technology«, 1941/42, P.-E. Jansen] verwenden – dann wäre sie lohnenswert. Sie könnte einen konkreten Ausgangspunkt liefern, um zu zeigen, wie das bürgerliche Individuum eigentlich beschaffen ist und daß der Nationalsozialismus dieses Individuum eher erfüllt als abschafft.« (in: Max Horkheimer, *Gesammelte Schriften*, Bd. 17, S. 200). Die Übersetzung berücksichtigt alle Streichungen und handschriftlichen Ergänzungen Marcuses. Die Übersetzung aus dem Englischen stammt von Peter-Erwin Jansen.

Auf der anderen Seite ist der Nationalsozialismus keine gesellschaftliche und politische *Restauration.* Das nationalsozialistische Regime stellt in großem Maße die Herrschaft derjenigen Kräfte und Interessen wieder her, die von der Weimarer Republik bedroht oder von ihr enttäuscht worden sind. Wir müssen nur auf die Tatsache hinweisen, daß die Armee wieder ein Staat im Staate geworden ist, daß die Autorität des Unternehmers in den Betrieben von zahlreichen Einschränkungen befreit und die Arbeiterklasse unter totalitäre Kontrolle gebracht wurde. Dennoch hat dieser Prozeß nicht die alten Formen der Herrschaft und sozialen Schichtung wiederhergestellt. Der nationalsozialistische Staat hat kaum etwas mit der gesellschaftlichen und politischen Struktur des alten Reiches gemeinsam. Die Armee, einmal die Brutstätte preußischen Drills und des Feudalismus, wurde sogar eher nach demokratischen Auswahlprinzipien reorganisiert, und über die sozialen Beziehungen außerhalb der Armee hat sich ein Netz pseudo-demokratischer Maßnahmen gelegt. Unternehmer und Arbeiter sind in der deutschen Arbeitsfront vereint, nehmen Schulter an Schulter an den gleichen Demonstrationen und Paraden teil, haben sich den gleichen Verhaltensregeln verpflichtet. Eine Reihe von Privilegien und Unterscheidungen, Reste der feudalen Ordnung wurden abgeschafft. Doch wichtiger ist, die staatliche Bürokratie und die führenden Bosse aus der Industrie und der Finanzwelt sind zu einer neuen Gruppe verschmolzen, wurden von der nationalsozialistischen Partei aufgewertet und bejahen den neuen Herren und die neuen Methoden der Regierung. Der Führerstaat ist in der Tat nicht mehr eine bloße Ideologie, sondern schreckliche Realität. Wenn dem so ist – die folgenden Vorträge werden versuchen, diese Tatsachen zu belegen –, wenn der Nationalsozialismus weder eine Revolution, noch eine Restauration ist, *was ist er dann*?

Dieser Vortrag wird sich mit diesen Fragen beschäftigen. Er wird versuchen zu zeigen, daß der Nationalsozialismus die *alte* gesellschaftliche Ordnung nur durch die Entwicklung einer *neuen Ordnung* absichern konnte, die neue Formen der sozialen und politischen Vorherrschaft hervorbrachte, die womöglich mit dem Inhalt unvereinbar sind, den sie zu erhalten wünschen. In dieser Einführungsvorlesung soll lediglich ein allgemeiner Rahmen für die dann folgende Diskussion konkreter Themen gegeben werden.

Die gewöhnliche Herangehensweise an den Nationalsozialismus wird von zwei sehr auffälligen Phänomenen geleitet: (1) dem totalitären Charakter des *Staates* und (2) dem autoritären Charakter der *Gesellschaft*. Diese Phänomene lassen uns im Nationalsozialismus die absolute Herrschaft des Staates über alle privaten und sozialen Beziehungen und die völlige Unterdrückung des menschlichen Individuums mit all seinen Rechten und Fähigkeiten sehen. Wir werden versuchen zu zeigen, daß diese Interpretation bestenfalls äußerst fragwürdig ist.

Die These, die wir entwickeln werden, lautet, daß der *Nationalsozialismus nicht länger ein Staat im traditionellen Sinne* des Begriffs ist und er weder mit den bekannten Formen des Absolutismus noch mit denen der Demokratie identisch ist. Er tendiert eher dazu, jede Trennung zwischen Staat und Gesellschaft abzuschaffen, indem er die politischen Funktionen auf die Gesellschaft überträgt, also auf die eigentlich herrschende soziale Gruppe. Mit anderen Worten, der Nationalsozialismus tendiert zu einer direkten und schnellen Selbstherrschaft der vorherrschenden sozialen Gruppen über den Rest der Bevölkerung. Eine solche Regierung impliziert eine kontrollierte und manipulierte Befreiung der Individuen. Um diese These zu erklären, müssen wir uns kurz der wesentlichen Implikationen des Begriffs »*Staat*« vergewissern.

Sie kann am besten anhand der *Unterscheidung zwischen Staat und Gesellschaft* erklärt werden. Der moderne Staat – und wir behandeln nur diese Form des Staates – war außerhalb des Reichs der menschlichen Beziehungen, die man für nicht-politisch hielt und die ihren eigenen Gesetze und Standards unterworfen waren, errichtet und organisiert worden. Das private Leben der Individuen, die Familie, die Kirche, große Bereiche der Wirtschaft und das kulturelle Leben gehörten in dieses Reich. Das bedeutet nicht, daß der Staat es unterließ, sich in die sozialen Beziehungen einzumischen; nicht nur der absolutistische Staat, sondern auch der demokratische Staat beanspruchten und übten dieses Recht aus. Der Staat erkannte damit an, daß gewisse angeborene soziale Rechte seiner eigenen Macht vorausgehen und seine Einmischung nur insoweit gerechtfertigt und akzeptiert ist, wie sie diese Rechte schützt, fördert oder wiederherstellt. Wie auch immer die Rechte der Menschen als soziale Wesen, als Mitglieder einer Gesellschaft definiert worden sind, – als die Freiheit zu kaufen und zu verkaufen, Verträge abzuschließen, seinen eigenen Wohnort und Beruf zu wählen, sein Leben zu erhalten –, der Staat sah in ihnen die Schranke oder das Ende seines Herrschaftsbereichs. Dies zeigt sich nicht so sehr an der mehr oder weniger expliziten Begrenzung staatlicher Macht, die selbst die radikalsten Verteidiger des Absolutismus unterstützten, sondern vielmehr an der Tatsache, daß der Staat als ein System der *rationalen Verwaltung* operierte, das die widerstreitenden sozialen Interessen in eine entschlossene und kalkulierbare Ordnung integrierte. Allgemeine Kalkulierbarkeit und Sicherheit waren die Charakteristika eines Staates, der im Gegensatz zur Gesellschaft stand; sie fanden ihren klarsten Ausdruck in den Merkmalen des modernen Staates: *der Autorität des Gesetzes, dem Gewaltmonopol und der Souveränität.* Alle drei Merkmale sind im nationalsozialistischen Staat nicht länger vorherrschend.

Während der modernen Ära wurde *die Autorität des Gesetzes* in einem ständig wachsenden Maße das Medium, durch das der Staat als System rationaler und universaler Verwaltung operierte. Das Gesetz behandelte die Menschen, wenn schon nicht als Gleiche, so doch zumindest unter Absehung der offensichtlichsten sozialen Unterschiede. Die Gefahren und das Unrecht, unter denen die Menschen in ihren sozialen Beziehungen litten, wurden im Gerichtshof gemildert. Der allgemeine Charakter des Gesetzes bot allen Bürgern allgemeinen Schutz, und zwar nicht nur vor dem verhängnisvollen Spiel der miteinander im Konflikt stehenden Eigeninteressen, sondern auch vor der Willkür der Regierung. Das nationalsozialistische Regime hat diese Eigenschaften des Gesetzes, die es über den Gefahren der sozialen Kämpfe stehen ließ, abgeschafft. Das ursprüngliche Konzept des Gesetzes als universell gültiges und als gleich angewandtes wurde verworfen und durch eine Vielfalt partikularer Rechte ersetzt, eins für die deutsche Rasse, ein anderes für die minderwertigen Rassen, eines für die Partei, ein anderes für die Armee, ein drittes für die gewöhnlichen *Volksgenossen.* Die Reste von Universalität, die in diesen Gruppenrechten immer noch enthalten sind, wurden durch die Praxis, die richterliche Autorität zu stärken und von den Fesseln des geschriebenen Gesetzes zu befreien, weiter eingeschränkt. Die Unterordnung des Gesetzes unter Normen wie das Gefühl der rassischen Gemeinde, die in Wirklichkeit Normen der politischen Zweckmäßigkeit sind, dienen dazu, die existierenden sozialen und politischen Privilegien zu festigen. Die Verkündung rückwirkender Gesetze zerstört die Kalkulierbarkeit und Rationalität der Justizverwaltung. Das Gesetz ist nicht länger eine bestehende und allgemein bekannte Wirklichkeit, die die sozialen und politischen Interessen ausbalanciert, sondern vielmehr ihr direkter Ausdruck. Es dient der Durchsetzung dieser Interessen und drückt die ständig wechselnden sozialen und politischen Anforderungen aus. Die Autorität des Gesetzes zeichnete den Staat nur während der liberalen Ära aus. Im absolutistischen Staat war das Gesetz auf die Befehlsgewalt des Souveräns eingeschränkt. Und doch war dieser Staat eine von der Gesellschaft *getrennte* Institution. Der absolutistische Staat nahm eine unabhängige und autonome Form an, weil keine einzige soziale Gruppe mächtig genug war, die Gesellschaft im Ganzen zu organisieren; der Staat war absolut und nahm auf den Adel genauso wenig Rücksicht wie auf die Mittelklasse und den vierten Stand. Im Gegensatz zu ihm neutralisiert und gleicht der nationalsozialistische Staat die konfligierenden Interessen der sozialen Gruppen nicht aus, sondern er verwaltet die gesamte Gesellschaft im Interesse der vereinheitlichten herrschenden Gruppe.

Wenn es etwas ›totalitäres‹ im Nationalsozialismus gibt, dann ist es sicher *nicht der Staat*. Hitler selbst hat gegen den totalitären Staat protestiert und erklärt, daß der Nationalsozialismus sich dadurch auszeichnet, daß er dem Staat die Unabhängigkeit und Überlegenheit verweigert, die ihm zufolge ein Nebenprodukt des liberalen Zeitalters ist. Hitler und seine offiziellen Sprecher haben häufig genug zum Ausdruck gebracht, daß sie den Staat lediglich als ein Mittel zum Zweck, als Teil eines viel umfassenderen Plans betrachten. Ich betone, das Ende des Staates ist nicht zum allgemeinen Wohl seiner Mitglieder. Was es wirklich bedeutet, wird erst sichtbar, wenn wir die nationalsozialistische Attacke auf die Idee die *Souveränität* des Staates analysieren.

Der souveräne Staat war autonomer Teil internationaler Übereinkünfte und Subjekt ihrer Vorschriften. Diese Idee impliziert die Koexistenz einer Vielzahl von souveränen Staaten, die sich gegenseitig in ihren souveränen Rechten anerkennen. Gerade dieses Konzept von Souveränität enthielt bestimmte Einschränkungen, denn es beschränkte sich auf ein bestimmtes Territorium. Natürlich konnte dieses Gebiet ausgeweitet werden, aber eine solche Ausdehnung wurde behindert und womöglich von einem Netz internationaler Diplomatie und gesetzlichen Absprachen beeinflußt und endete mit der Wiedereinsetzung einer weiteren Reihe souveräner Staaten. Auf jeden Fall besaß jeder souveräne Staat exklusive Autorität über seine Mitglieder und übte diese Autorität gegenüber jeder äußeren Einmischung aus. Er besaß das Gewaltmonopol, das in einer einzigen Institution, dem souveränen Staat und seinen Vollzugsorganen, seinen Sitz hatte. Das Maß an Sicherheit und Freiheit, das das Prinzip der Souveränität beinhaltete, kann durch einen Vergleich zwischen dem neunzehnten Jahrhundert und den Bedingungen im gegenwärtigen Europa gemessen werden. Die nationalen Grenzen waren für die Gestapo kein Hindernis. Ehemals souveräne Staaten richten sich nun nach den Wünschen des Führers, der alle ›rassischen Volksgenossen‹ in den fremden Ländern für sich in Anspruch nimmt; – er behält sich das Recht vor, sie zu ›befreien‹, wenn die Situation dafür reif ist. Im Nationalsozialismus wird das Prinzip der Souveränität von der Konzeption des rassischen *Lebensraumes* abgelöst. Der Lebensraum des Reichs ist flexibel und grenzenlos; er neigt dazu, selbst die entferntesten nationalen Grenzen zu verschlingen und expandiert entsprechend der wechselnden Anforderungen des industriellen Deutschlands, das seinen ›Kern‹ ausmacht; es ist das waghalsigste und aggressivste politische Konzept der modernen Geschichte. Was aber ist, abgesehen von dem ideologischen Beigeschmack, der eigentliche Inhalt dieser Konzeption? Was bringt den Nationalsozialismus dazu, die traditionelle Struktur des Staates aufzulösen? Die Autorität des Gesetzes, das Machtmonopol und die nationale Souveränität charakterisierten den Staat in Europa während der Zeit, als die industrielle Leistungsfähigkeit noch offene interne und externe Märkte vorfand. Für Deutschland ging diese Periode mit dem ersten Weltkrieg zu Ende.

Mit einer unglaublichen Geschwindigkeit baute Deutschland seinen industriellen Apparat wieder auf und modernisierte ihn, aber das Schrumpfen des Binnenmarktes, der Verlust externer Absatzmärkte und insbesondere die Sozialgesetzgebung der Weimarer Republik verhinderten die adäquate Nutzung dieses Apparates. Unter diesen Umständen war die Rückkehr zu einer direkten imperialistischen Politik die plausibelste Lösung. Sie wurde von der Mehrheit der sozialen Gruppen, die den demokratischen Staat organisiert hatten, mit Gewalt bekämpft. Die Industriearbeit und mit ihr die soziale Ordnung, die auf dieser Arbeit beruhte, konnte nur durch die Transformation des demokratischen Staates in ein politisches System gesichert werden, das in seiner Gesamtheit auf die Befreiung der Ökonomie und ihre schrankenlose Auslastung ausgerichtet war. Dies mag wie eine extrem einseitige Interpretation klingen, aber dies ist die Erklärung des Nationalsozialismus, die Hitler selbst gegeben hat. Er hat diesen Aspekt in einer Rede ausgeführt, die frei von jeder Ideologie ist und daher als eine äußerst angemessene Annäherung zum Verständnis des Nationalsozialismus dienen kann. Er hielt die Rede vor dem *Industrie-Club* in Düsseldorf, ein Jahr vor seinem Aufstieg zur Macht. Hitler begann mit der Tatsache, daß in der modernen Welt sowohl das soziale als auch das politische Leben auf dem *»Leistungsprinzip«* basieren.[1] Das bedeutet, daß Individuen ebenso wie soziale Gruppen und Nationen aufgrund ihres Abschneidens im Konkurrenzkampf vorhanden sind, ungeachtet der Mittel, durch die dieses Abschneiden erreicht worden ist, und ungeachtet dessen, wohin es führt, vorausgesetzt, sie halten sich an das etablierte soziale Muster. Für Hitler ist die moderne Gesellschaft ein ewiger rücksichtsloser Wettbewerb von ungleichen Gruppen und Individuen: Wer in dieser Welt zurechtkommen will, muß sich selbst als der rücksichtsloseste und leistungsstärkste Konkurrent beweisen. Die erste Aufgabe des Nationalsozialismus ist es daher, die Position Deutschlands als mächtigsten Konkurrenten auf dem internationalen Markt wiederherzustellen. Hitler sagt: »Heute ist die Weltlage kurz folgende: Deutschland, England, Frankreich, und außerdem – aus nicht *zwingenden* Gründen – die amerikanische Union und eine ganze Reihe von Kleinstatten sind Industrienationen, angewiesen auf den Export. Nach Beendigung des Krieges haben alle diese Völker einen von Gebrauchsartikeln ziemlich geleerten Weltmarkt vorgefunden. Nun stürzten sich die durch den Krieg besonders wissenschaftlich-theoretisch genialisierten Industrie- und Fabrikationsmethoden auf diese große Leere, begannen die Betreibe umzustellen, Kapitalien zu investieren und unter Zwang der investierten Kapitalien die Produktion auf das äußerste zu steigern. Dieser Prozeß konnte zwei, drei, vier, fünf Jahre gut gehen. Er konnte weiter gut gehen, wenn entsprechend der rapiden Steigerung und Verbesserung der Produktion und ihrer Merthoden neue Absatzmöglichkeiten geschaffen wurden. Eine Frage von eminentester Bedeutung, denn die Rationalisierung der Wirtschaft führt [...] zu einer Einsparung der menschlichen Arbeitskraft, eine Einsparung, die nur dann nützlich ist, wenn die eingesparten Kräfte ohne weiteres wieder in neue Wirtschaftszweige überführt werden können. Wir sehen aber, daß seit dem Weltkriege eine wesentliche Erweiterung der Absatzmärkte nicht mehr stattfand; im Gegenteil: daß sie dadurch relativ zusammenschrumpften, daß die Zahl der exportierenden Nationen sich langsam steigerte und daß eine Unzahl früherer Absatzmärkte selbst industrialisiert wurden. [...]«[2] »Es ist wesentlich, einzusehen, daß wir uns augenblicklich wieder in einem Zustande befinden, wie er schon einige Male in der Welt bestand: Schon einige Male war der Umfang bestimmter Produktionen in der Welt über den Rahmen des Bedarfs hinausgewachsen. [...] Es ist eine derartige Steigerung der Produktionsfähigkeit erzielt worden, daß der augenblicklich mögliche Absatzmarkt in keinem Verhältnis mehr dazu steht. Wenn aber der Bolschewismus als Weltidee den asiatischen Kontinent aus der menschlichen Wirtschaftsgemeinschaft herausbricht, dann sind auch nicht annähernd mehr die Voraussetzungen zur Beschäftigung dieser gigantisch entwickelten Industrien vorhanden. [...] Es heißt in meinen Augen das Pferd von rückwärts aufzäumen, wenn man heute glaubt, mit wirtschaftlicher Methodik etwa die Machtstellung Deutschlands wieder zurückgewinnen zu können, statt einzusehen, daß die Machtposition die Voraussetzung auch für die Hebung der wirtschaftlichen Situation ist.«[3]

Welche Konsequenzen zieht Hitler aus diesem Bild? Unter den derzeitigen äußeren und inneren Bedingungen kann die deutsche

Ökonomie nicht länger auf der Grundlage ihrer eigenen inhärenten Kräfte und Mechanismen funktionieren. Die *ökonomischen Beziehungen* müssen deshalb *in politische Beziehungen transformiert* werden. Die ökonomische Expansion und Vorherrschaft müssen durch die politische Expansion und Herrschaft nicht nur ergänzt, sondern abgelöst werden. »Wollen wir einen neuen Binnenmarkt aufbauen, wollen wir die Raumfrage lösen: stets werden wir wieder die gesammelte politische Kraft der Nation brauchen. Ja, wenn wir bloß als Bundesgenossen gewertet werden wollen – immer müssen wir vorher Deutschland wieder zu einem politischen Machtfaktor machen.«[4] Hitler verspricht, daß der neue Staat das ausführende Organ der Ökonomie werden wird, das die gesamte Nation für die unbehinderte Erweiterung der Ökonomie organisieren und koordinieren und die deutsche Industrie zum Sieger im internationalen Wettbewerb machen wird. Darüberhinaus verspricht er, diejenige Waffe zu liefern, die allein die deutsche Industrie in die Lage versetzen wird, ihre Konkurrenten außer Gefecht zu setzen und die benötigten Märkte zu erschließen, nämlich: die beste Armee der Welt. Heute, acht Jahre nach Hitlers Versprechen, erklärt Robert Ley, der Führer der deutschen Arbeiterfront, daß Hitler sein Versprechen eingelöst hat. »Die kapitalistische Wirtschaft war an einer Grenze angekommen, die sie mit ihr eigenen Mitteln nicht überschreiten vermochte. Die Risiken eines Vorstoßes in wirtschaftliches Neuland waren zu groß, um vom Privatkapital übernommen zu werden; das Kapital zog sich auf die Verteidigung der einmal erreichten Position zurück. So konnte es kommen, daß auf der einen Seite riesenhafte Produktionsanlagen und noch größere Warenvorräte ungenutzt liegen blieben, während auf der anderen Seite Millionen von Menschen am Rande des Elends dahinvegetierten. Der Nationalsozialismus hat nun den geglückten Versuch unternommen, der an den Grenzen zu ihrer unternehmerischen Leistungsmöglichkeit festgefahrenen Wirtschaft neue Wege in die Zukunft zu erschließen, zu ebnen und zu sichern.«[5]

Der nationalsozialistische Staat übernahm selbst das Risiko, das private Unternehmer nicht länger eingehen wollten. In Leys Worten: Der Staat stellte neuen Raum für die Initiative von Unternehmen bereit. Dies konnte jedoch nicht im Rahmen des bestehenden

Staates erreicht werden. In derselben Rede verängstigt Hitler die Industriellen mit dem Statement, daß fünfzig Prozent der deutschen Bevölkerung Bolschewisten geworden sind. Er meint, daß fünfzig Prozent der deutschen Bevölkerung nicht bereit seien, ihre Wünsche und vielleicht ihr Leben der imperialistischen Expansion zu opfern und daß der demokratische Staat ihnen die Mittel zur Verfügung stellte, diesen Widerwillen effektiv auszudrücken. Die industrielle Kapazität und ihre optimale Nutzung könne nur gesichert werden, wenn alle Schranken zwischen Politik und Ökonomie, zwischen Staat und Gesellschaft beseitigt und die vermittelnden Institutionen, die die vorwärtsdrängenden sozialen und wirtschaftlichen Kräfte behindern, abgeschafft würden. Der Staat müsse sich direkt mit den vorherrschenden ökonomischen Interessen identifizieren und alle sozialen Beziehungen seiner Führung unterstellen. In demselben Maße, wie die ökonomischen Kräfte zu direkten politischen Kräften wurden, verloren sie ihren unabhängigen Charakter. Sie konnten von den ihnen innewohnenden Beschränkungen und Störungen nur soweit befreit werden, wie sie ihre Freiheit aufgaben. Die Wiederherstellung der vollen Macht und Leistungsfähigkeit der Ökonomie setzte eine drastische Regulierung des Marktes, die Koordination der Produktion, die Kontrolle der Investitionen und des Verbrauchs und darüber hinaus die Zähmung und Aussöhnung mit all den Gruppen, die den notwendigen Rationalisierungen geopfert werden mußten, voraus. Das Leistungsprinzip bevorzugte die großen Monopole und Konzerne, die Fabriken mit der besten technischen Ausstattung und forderte den Ausschluß all derjenigen aus dem Produktionsprozeß, die mit der Geschwindigkeit der Großen nicht mithalten konnten. Jede Steigerung der Effizienz erhöhte implizit Unterdrückung, Widerstand und Not. Die Gesellschaft konnte nicht allein durch ökonomische Interessen zusammengehalten werden; um so weniger als diese nicht nur den Anliegen der Mehrheit der Bevölkerung widersprachen, sondern auch noch Konflikte unter den vorherrschenden Gruppierungen selbst schürten. Diese Gruppen konnten ihre Dominanz nur deshalb aufrechterhalten, weil sie einen gemeinsamen Herren akzeptierten, jemanden der scheinbar für die gesamte Nation sprechen konnte, jemand der ihre Macht durch die besondere Tatsache verstärkte, daß seine Macht weitaus größer war als ihre, jemand der alle Sphären des Lebens und der Kultur an das neue Evangelium von der stromlinienförmigen Effektivität anpaßte. Weil die ökonomischen Interessen direkt politisch wurden, akzeptierten sie eine neue *Gewaltenteilung*, die in der dreifachen Souveränität von Partei, Staat und Armee verwirklicht worden ist.

Das gesamte System ist keinesfalls homogen. Die drei herrschenden Hierarchien geraten regelmäßig aneinander und sind in sich selbst widersprüchlich. Der Terror könnte die Ruhe der Massen ausreichend erklären. Doch es existiert kein rationaler Plan, der die unterschiedlichen Ressourcen, Instrumente und Interessen auf ein vorausgesetztes gemeinsames Ziel hin vereinigt und organisiert. Die unterschiedlichen Ansprüche und Tendenzen werden eher durch eine tiefverwurzelte Harmonie zwischen den lebenswichtigen Interessen der Industrie und der Finanzwelt, der Partei und der Armee mit der staatlichen Bürokratie als ihrem Verwalter und dem Führer als ihrem obersten Vermittler aufeinander abgestimmt. Diese Harmonie wird genau so lange vorherrschen, wie das System expandiert und der Erfolg es zusammenschweißt. Die Angst der Massen und die Angst voreinander ist ein entscheidendes Element dieser Harmonie. Hinter ihr steht das klare Wissen, daß sie nur durch äußerste Effizienz überleben können, daß sie ihre Leistungsfähigkeit nur durch aggressive Expansion erhalten können und daß sie den Krieg führen und gewinnen müssen, koste es, was es wolle. Sie werden alles für diese Sache tun und sie brauchen keinen Plan, um ihre Anstrengungen zu vereinen. Die Investition ist riskant, aber es ist die einzig mögliche Investition und der zukünftige Profit ist dieses Risiko wert. Hitler versprach ihnen Kontinente als exklusive Märkte und die gesamte Bevölkerung der eroberten Gebiete als obligatorische Kunden und Lieferanten. Die deutsche Armee ist auf dem besten Wege, diese Versprechen zu erfüllen. Die jetzigen Herrscher Deutschlands sind exzellente Soziologen und Ökonomen und noch bessere Geschäftsmänner. Sie glauben nicht an Ideologien und an die mysteriöse Macht der Rasse, aber sie werden ihrem Führer folgen, solange er bleibt, was er bisher war: das lebende Symbol der Leistungsfähigkeit. Eine fürchterliche Effizienz, eine Effizienz, die nichts mehr mit dem fortschrittlichen Charakter dieser Idee in der fortgeschrittenen liberalen Gesellschaft verbindet. In ihr ging Effizienz mit der Entwicklung wahrer produktiver Kräfte, intellektueller wie materieller, einher und war ein Hebel für die Erweiterung und Bereicherung menschlicher Befriedigung. Die nationalsozialistische Leistungsfähigkeit ist von einer anderen Art. Sie steht unter dem totalen Dienst imperialistischer Expansion. Dies impliziert das genaue Gegenteil von dem, was Effizienz ursprünglich meinte und kann nur durch die Verarmung und Unterdrückung auf internationaler Ebene funktionieren. Hitler selbst hat das Geheimnis nationalsozialistischer Leistungsfähigkeit preisgegeben; er gab zu, daß das Funktionieren seines Schemas verlangt, den Lebensstandard der neu eroberten Bevölkerungen niedrig zu halten: »Die weiße Rasse kann aber ihre Stellung nur dann praktisch aufrechterhalten, wenn die Verschiedenartigkeit des Lebensstandards in der Welt aufrechterhalten bleibt. Geben Sie heute unseren sogenannten Absatzmärkten den gleichen Lebensstandard, wie wir ihn haben, und Sie werden erleben, daß die, nicht nur in der politischen Macht der Nation, sondern auch in der wirtschaftlichen Stellung des einzelnen sich ausdrückende, Vormachtstellung der weißen Rasse nicht mehr gehalten werden kann.«[6] Nach Hitler kann die deutsche Wirtschaft nicht ohne die Stärkung und Erweiterung ihrer politischen Macht wiederhergestellt werden. Umgekehrt nimmt die ›politische Macht der Nation‹ mit der Stärke und Leistungsfähigkeit der Individuen zu, aus denen sich die Nation zusammensetzt. Das menschliche Individuum ist die wertvollste Energiequelle. Die Funktion des gesamten Apparates hängt von ihm ab, von seiner Arbeit und Intelligenz, seiner Bereitschaft und seiner Widerstandskraft. So seltsam es auch klingen mag, das Individuum ist das Lieblingskind des nationalsozialistischen Regimes. Es bemüht sich ständig, seine Fähigkeiten zu steigern, seine Leistungsfähigkeit zu verbessern und es mit Energie und Initiative zu füttern. Dr. Ley erklärt: »Wir wollen *Herrenmenschen* erzeugen, in allen Schichten unserer Bevölkerung, Männer, die stolz auf ihre Leistungen sind«. Die gesamte Sozialpolitik der Nationalsozialisten wird von dem Ziel geleitet, »alle schlummernden Fähigkeiten im Mann zu entwickeln, seine Leistungsfähigkeit zu stärken, das Wesen seiner Persönlichkeit zu erweitern.«[7] Das ist mehr als eine Ideologie. Der Nationalsozialismus hat ein äußerst elaboriertes System physischer, moralischer und geistiger Erziehung errichtet, das darauf abzielt, die individuellen Fähigkeiten mit höchst subtilen wissenschaftlichen Methoden und Techniken zu erhöhen. Die Arbeitsfront arrangiert jährliche *Berufswettkämpfe*, berufsbezogene Wettbewerbe, in denen die leistungsstärksten Individuen der verschiedenen Berufsgruppen um die Herstellung des einzigartigsten Arbeitsprodukts wetteifern. Psychologische und technologische Institute wurden eingerichtet, um die geeignetsten Methoden für die Zerlegung der Arbeit zu untersuchen und um den schädlichen Auswirkungen der Mechanisierung entgegenzuwirken. Die Fabriken, Schulen, Ausbildungslager, Sportstätten, die kulturellen Institutionen und die Freizeitorganisationen sind wahre Laboratorien des Individualismus. Jedem Mitglied der deutschen Rasse wird unabhängig von seiner sozialen Stellung beigebracht, sich wie ein einzigartiges und selbstsicheres Wesen zu fühlen und zu verhalten, als der autonome Herr seines Lebens. Es wird dazu angehalten, selbst das mechanischste Produkt zu seiner eigenen persönlichen Arbeit zu machen, und seine Wohnstätte soll sich durch die Merkmale seines eigenen persönlichen Geschmacks auszeichnen. Die Partei regt den Bau von Siedlungen an, in denen der Arbeiter sein eigenes Haus, Garten und ein eigenes Haustier hat.

Der nationalsozialistische Staat ist ein »Staat der Massen«, aber die Massen sind nur insoweit Massen, wie sie sich aus atomisierten Individuen zusammensetzten. Weil diese allem beraubt worden sind, was ihre Individualität in eine wahre Interessengemeinschaft transzendiert, und nichts von ihnen übrig geblieben ist als ihr bestialisches und abstraktes Eigeninteresse, das in allen Menschen gleich ist, sind sie für die Vereinheitlichung von oben und für die Manipulation so anfällig. Wenn die kontrollierten und manipulierten Menschen aus ihrer atomisierten Individualität befreit und ihren Bedürfnissen, den Wünschen und Fähigkeiten, die außerhalb der Reichweite des belohnten Verhaltens liegen, folgen würden, würden sie sich nicht zu Massen vereinigen, sondern in militanten Gruppen zusammenschließen, die die Illusion der »Rassengemeinschaft« zerstören würden. Die nationalsozialistische Befreiung der Individuen bewahrt, ganz gleich wie, nur die Schattenseite des Individualismus. Mit seinem Aufruf an das atomisierte Individuum verkörpert der Nationalsozialismus die repressivsten Tendenzen einer raffsüchtigen Gesellschaft. Die Individuen, die diese Gesellschaft formten, betraten sie, in Tawneys Worten, mit dem Recht, ihr Eigentum zu veräußern und ihre wirtschaftlichen Eigeninteressen zu verfolgen, Rechte, die jeder staatlichen Sozialleistung vorausgehen und unabhängig von ihr sind.[8] Die Gesellschaft forderte von den Individuen »Pflichterfüllung«, aber ihre Pflichten sollten sich ausschließlich nach den Prinzipien des Eigeninteresses richten. Für die große Mehrheit der Bevölkerung gab es nur eine Pflicht: Arbeit. Individualität konstituierte und entwickelte sich nicht dadurch, daß Menschen ihren Wohlstand erarbeiteten, sondern ihn erwarben; Individualität war kein Zweck, sondern ein Mittel – und der Zweck nichts anderes als die Leistung, die den Gewinner für den Konkurrenzkampf qualifiziert. Individualismus wurde zu einem Äquivalent der Freiheit, umfassenden Gebrauch von den herrschenden Ungleichheiten zu machen, um das eigene Abschneiden und die eigene Leistung zu verbessern. Ein amerikanischer Theoretiker drückte dies wie folgt aus: »So wie sich die Individuen hinsichtlich ihrer Intelligenz, Klugheit, Energie, Beharrlichkeit, ihren Fähigkeiten und Gewohnheiten des Fleißes und des Wirtschaftens, ihrer körperlichen Kraft, ihren Positionen und den ihnen gegebenen Möglichkeiten unterscheiden, muß aus der Freiheit, daß sich jeder frei entfalten und seine Bedingungen verbessern kann, notwendigerweise eine entsprechende Ungleichheit zwischen denen, die diese Qualitäten und Vorteile in hohem Maße besitzen und jenen, denen es an ihnen mangelt, folgen.«. Nach Calhoun »käme es der Zerstörung der Freiheit und des Fortschritts gleich, würde man den Anstrengungen derjenigen, die sich in den höchsten Positionen befinden, Beschränkungen auferlegen oder ihnen die Früchte ihrer Anstrengungen vorenthalten. Diese ungleichen Bedingungen zwischen den höheren und niederen Rängen geben dem Voranschreiten des Fortschritts einen mächtigen Impuls. Erstere wollen ihre Position behalten und letztere drängen nach vorne in ihre Reihe. Dies gibt dem Fortschritt den größten Impuls. Würden die vorderen Reihen zurückgedrängt oder die hinteren Reihen durch den Einfluß der Regierung nach vorne rücken, würde diesem Impuls ein Ende gesetzt und der Gang des Fortschritts erfolgreich aufgehalten werden.«[9]

Die nationalsozialistische Regierung hat diese Art des Individualismus sanktioniert. Alle ›Eingriffe der Regierung‹ dienen dazu, den Gang des Fortschritts zu beschleunigen, und alle Einschränkungen sollen das Wettbewerbsdenken fördern – diese Einschränkungen beziehen sich auf Überreste der liberalistischen Epoche, die das effiziente Streben der Eigeninteressen selbst begrenzten. Die Nationalsozialisten verdrehen diejenige Institution, durch die sich – wenn auch in einer blinden und anarchischen Form –, die *Gesellschaft als Ganze* gegenüber dem Spiel der *Einzelinteressen* durchsetzte, nämlich den Markt. Sie beschränken den internen Wettbewerb, damit die nationale Industrie zum stärksten Konkurrenten auf dem Weltmarkt wird. Sie beschränken die inneren Widersprüche zwischen den ›vorderen und hinteren Reihen‹ und machen sie zu Widersprüchen zwischen den kontinentalen Schichten, zwischen der ausbeutenden ›deutschen Rasse‹ und ihren unterdrückten, ausgebeuteten Vasallen.

Die Individuen in den vorderen Rängen haben unter dem nationalsozialistischen Regime kaum etwas von ihrer Individualität zu verlieren. Aber was passiert mit den Individuen in den hinteren Rängen? Auch hier ist der Nationalsozialismus bemüht, die Einschränkungen zu begrenzen und plant ein möglichst effizientes Auftreten. Die einzige Belohnung nationalsozialistischer Individualität ist schon immer die Arbeit gewesen. Konsequenterweise warf man den ganzen Apparat des nationalsozialistischen Regimes in die große Schlacht um die Steigerung der Leistungsfähigkeit und Intensität der Arbeit. Die Verlängerung der Arbeitszeit hatte ihre physiologischen Grenzen erreicht, und die mechanische Rationalisierung drohte die sanfte Erholung der Energien zu behindern. – Ein Bereich, in dem die ›befreienden‹ und stromlinienförmigen Mächte das Individuum noch nicht ergriffen hatten, war seine *Freizeit*. Hier zeigt der Nationalsozialismus seine weitreichendsten Auswirkungen.

Die individualistische Gesellschaft hat die menschliche Existenz in zwei Hälften geteilt: Die Arbeitszeit, das Berufsleben, war der Bereich, in dem sich das Individuum konstituierte und durchsetzte;

die Freizeit, das Privatleben war der Bereich, in dem sich seine Individualität vollendete – im zweifachen Sinne: hier fanden die Schmerzen seiner täglichen Anstrengung ein Ende, und zur gleichen Zeit konnte er mit Vergnügen seine Individualität genießen. Die moderne Gesellschaft schätzte den Wert der Freizeit so hoch ein, daß sie die individuelle Freiheit häufig über die Bedeutung dieses Lebensbereiches definierte. Tocqueville sah im Individualismus »ein reifes und ruhiges Gefühl, das jedes Mitglied der Gesellschaft veranlaßt, sich von der Masse seiner Mitmenschen zu trennen und sich mit seiner Familie und seinen Freunden zurückzuziehen. Nachdem er so einen kleinen Kreis der Seinen geschaffen hat, verläßt er von sich aus gerne freiwillig die Gesellschaft.«[10] Und Benjamin Constant forderte, daß »unsere Freiheit aus dem friedlichen Genuß der privaten Unabhängigkeit bestehen sollte.«[11] Die gesamte intellektuelle Kultur der individualistischen Gesellschaft, besonders die schönen Künste, gehörten den Menschen, die willig und in der Lage waren, »die Gesellschaft von sich aus freiwillig zu verlassen.« Ihre Produkte sollten den »friedlichen Genuß« des Individuums in seiner Freizeit bereichern. Wurde Individualität im Berufsleben ständig auf den allgemeinen Nenner der Leistung reduziert, so im Privatleben der »friedliche Genuß« auf die gemeinsame Tätigkeit der »Entspannung«. Im Zeitalter der Macht, in der Ära der Massenkultur, wirkt sich dieser Prozeß sowohl auf die »vorderen« als auch auf die »hinteren« Reihen aus. Solange das ökonomische Leben von einer Mehrheit unabhängiger Unternehmer geprägt wurde, die ihre Fabriken und Geschäfte autonom führten, besaßen ihre Handlungen noch immer in einem großen Umfang Individualität. Die Monopolisierung der Industrie und die ihr korrespondierende Standardisierung der Gebrauchsgegenstände hat diesen Umfang stetig verringert. Heute können alle diejenigen, die nicht der schmalen Spitze angehören, ihre Individualität nur durch die Effizienz, mit der sie die ihnen auferlegten Pflichten verrichten, beweisen und bewahren. – Auf den hinteren Rängen wurde Individualität schon lange auf Geschicklichkeit bei mechanischen Fertigungen und Reaktionen reduziert.

Die technologische Angleichung der Individuen bei der Arbeit findet ihre Entsprechung in der Gleichschaltung der Individuen in der Freizeit. Für diese Gleichschaltung sind zwei Faktoren hauptverantwortlich: (1) Die Mittel, die dem Vergnügen dienen, wurden mehr und mehr zu standardisierten Gebrauchsgegenständen, die von den Monopolen der Vergnügungsindustrie hergestellt und verteilt wurden. Restaurantketten, Filme, Konzerte, Radiosender, Zeitungs- und Magazinsyndikate beliefern die Öffentlichkeit mit vereinheitlichter Unterhaltung, die diese Öffentlichkeit zu vereinheitlichten Reaktionen erzieht. (2) Die monotonen Abläufe während der Arbeitszeit führten zu einer ähnlich monotonen Erholung nach der Arbeit. Die Abwesenheit von harter Arbeit allein war schon ein friedliches Vergnügen und schuf diese leere Atmosphäre, die das Individuum für all das aufnahmebereit machte, was sich ihm anbot, – vorausgesetzt, es war keine Arbeit. Die Vereinheitlichung der menschlichen Individuen ist somit das Resultat der Mechanismen der individualistischen Gesellschaft. Die Individuen sind zu einer *Menschenmenge* geworden, zu Mitgliedern der Massen, lange bevor der Nationalsozialismus sie als Masse behandelte. Die Dichotomie zwischen sozialem und privatem Leben, zwischen Arbeit und Freizeit ging langsam ihrem Ende zu und bereitete den Boden für die umfassende Mobilisierung der gesamten menschlichen Existenz im Dienst höchster Leistungsfähigkeit. Die deutsche Arbeitsfront, die diese Mobilisierung lenkt, führt einen gewalttätigen Krieg gegen das Nebeneinander von Arbeit und Freizeit, das sie als Merkmal der alten liberalen kapitalistischen Ära ansieht. Im Gegensatz dazu wird die nationalsozialistische Konzeption von dem Prinzip geleitet, daß die Kluft zwischen Arbeit und Freizeit überbrückt und die Organisation der Freizeit der Organisation der Arbeit angeglichen werden muß.

Diese Angleichung war durch den sozialen Prozeß hergestellt worden, lange bevor das nationalsozialistische Regime in ihn bewußt eingriff. Aber die Nationalsozialisten sind scharfe Beobachter: Sie realisierten, daß die traditionelle Form von Erholung, obwohl Freizeit in dem verachteten System in erster Linie Erholung von der Erschöpfung durch Arbeit bedeutete, die Hauptquelle aller profitablen Energien zu erschöpfen drohte: den Menschen als den Träger der Arbeitskraft. Physiologische und psychologische Tests haben gezeigt, daß die Leistungsfähigkeit des Individuums gesteigert werden könnte, wenn seine Freizeit verlängert und verschönert würde. Seitdem der Nationalsozialismus alle wirtschaftliche Profitabilität der politischen Ausweitung untergeordnet hat, scheut er keine Kosten, dieses Ziel zu realisieren.

Die Ausweitung der Freizeit (die natürlich durch den Krieg abgeschafft wurde) ist ein Gesundheitserfordernis, das der Ergänzung der nationalsozialistischen Geburtenpolitik dient und ihr hilft, ein riesiges und geeignetes Reservoir menschlicher Arbeitskraft für die Herrschaft der deutschen Rasse zu schaffen. Demzufolge ist eines der Merkmale der ›Kraft durch Freude‹ das obligatorische Vergnügen der Freiluftaktivitäten. Wir müssen nicht weiter auf die zahlreichen Aktivitäten der ›Kraft durch Freude‹-Organisationen eingehen: sie sind häufig genug beschrieben worden. Wir müssen dennoch einen Aspekt der Freizeitorganisationen diskutieren, der die fundamentalen Widersprüche des Nationalsozialismus erhellt: seine Behandlung der intellektuellen Kultur.

Durch die Mobilisierung der Freizeit hat der Nationalsozialismus eines der letzten Bollwerke zerschlagen, hinter dem die fortschrittlichen Elemente des Individualismus immer noch fortbestanden. Wir skizzierten, wie die freie Zeit der Arbeitszeit angepaßt und die Individuen in der Freizeit vereinheitlicht wurden. Die bloße Tatsache, daß das Individuum in der präfaschistischen Ära in seiner Freizeit »mit sich selbst« sein und alle Wettbewerbshandlungen unterlassen konnte, beließ ihm die Möglichkeit, hinter den repressiven Rahmen des Berufslebens zurückzutreten. Wenn diese Gesellschaft sich aber nicht weiter um die Wünsche und Fähigkeiten der Menschen kümmert, die nicht in das Schema der Effizienz passen, könnte es gut sein, hier und jetzt eine »Trennlinie« durch die Gesellschaft als Ganze zu ziehen. In der Ruhe des stillen Vergnügens mag das Individuum zum *Denken* kommen, seine Impulse, Gefühle und Gedanken könnten in Regionen gleiten, die der vorherrschenden Ordnung fremd und feindselig sind. Wir erwähnen hier nur zwei Stimuli dieser Tendenzen: *Sexualität und Kunst*.

Die individualistische Gesellschaft hat diese Sphären zu einer Domäne privater Befriedigung und Verwirklichung gemacht, indem sie diese Sphären bewachte und strengen Tabus unterwarf. Diese äußerste Privatheit und die verhängten Tabus verschärften den

Antagonismus zwischen der individuellen Befriedigung und der gesellschaftlichen Enttäuschung. Erstere wurde von der Gesellschaft getrennt und mit ihr die Elemente von Freiheit und Glück, die der sozialen Wirklichkeit fremd waren. Eines der gewagtesten Unternehmen des Nationalsozialismus ist der Kampf gegen diese, die Privatsphäre betreffenden Tabus. Betrachten wir die sexuellen Tabus, so müssen wir nur auf die zielstrebigen Verbände von Jungen und Mädchen in den Trainingscamps hinweisen, auf die erlaubten Zügellosigkeiten der rassischen Elite, auf die Erleichterung von Heirat und Scheidung, auf die Bestrafung unehelicher Kinder, auf die antisemitische Pornographie. – All das befindet sich natürlich auf einer Linie mit der Bevölkerungspolitik des Reiches, die nach einem immer größeren Angebot von Arbeitskraft verlangt. Aber diese Politik hat noch andere, verstecktere Aspekte, die die Wurzeln der nationalsozialistischen Gesellschaft berühren.

Die Aufhebung der sexuellen Tabus tendiert dazu, diesen Bereich zu einer offiziellen politischen Domäne zu machen. Ebenso wie der Nationalsozialismus den Unterschied zwischen Staat und Gesellschaft verneint, verneint er den Unterschied zwischen Gesellschaft und Individuum. Das Individuum wird in dem Sinne verzerrt »sozialisiert«, daß die Gesellschaft selbst seine unterdrückten und entarteten Instinkte und Interessen übernimmt und sie auf einer internationalen Bühne zur Geltung bringt. Der Nationalsozialismus macht aus ihnen die Interessen der *Nation* und verfolgt sie durch Eroberung und Krieg. Die Abschaffung kultureller Tabus ist der letzte Stein in diesem Gebäude. Das Individuum begreift seine private Befriedigung als patriotische Pflicht gegenüber dem Regime und erhält seinen Preis für deren Ausübung. Zu dieser besonderen Tatsache gehört ferner, daß die individuelle Befriedigung den Charakter verliert, der sie einst geprägt hat. Durch die »Nationalisierung« der Geheimnisse des Privaten und der individuellen Befriedigung erobert der Nationalsozialismus die letzte Bastion, die der Mensch noch gegenüber der repressiven öffentlichen Ordnung hat, die letzte Domäne in der er seine Möglichkeiten und Sehnsüchte am Leben ausleben konnte. Es ist eine alte Geschichte, daß Jungen und Mädchen, wenn sie dazu angehalten werden, sich zu amüsieren, es nicht tun. Die Geschichte ist mehr als eine Binsenweisheit. Sie besagt, daß individuelles Glück und Erfüllung etwas mit Faktoren zu tun haben könnten, die außerhalb der Reichweite der Gesellschaft liegen oder ihr völlig fremd sind. Die Unterscheidung zwischen Individuum und Gesellschaft war dem Ziel der menschlichen Erfüllung näher als deren nationalsozialistische Annullierung. Die Abschaffung der Tabus durch die Nationalsozialisten hat eine definitiv repressive Funktion.

Dies wird anhand des Umgangs der Nationalsozialisten mit der *Kunst* besonders deutlich. Während der liberalen Ära erfüllten die schönen Künste in einem beträchtlichen Maße die Funktion, das Individuum zu entzücken und zu erbauen. Getrennt von der Sphäre des täglichen gesellschaftlichen und politischen Lebens, entwickelte die Kunst eigene Prinzipien und Ideale und transzendierte herrschende Normen. Die Prinzipien der Schönheit, Wahrheit, Form, Vernunft, Harmonie, wie sie in den schönen Künsten bewahrt sind, standen in ihrer tiefsten Bedeutung den herrschenden sozialen Normen fremd und antagonistisch gegenüber. Obwohl die schönen Künste ihren eigenen Anteil an der Ruhigstellung und Anpassung des Individuums hatten, war eine ihrer entscheidendsten Leistungen, daß sie in Stendhals Worten, ein »Glücksversprechen« enthielten, das unvereinbar mit jeder Form der sozialen und politischen Kontrolle war. Der Nationalsozialismus hat diese Form der Kunst beseitigt und die entscheidende Funktion der Kunst verändert, indem er sie mit den Mustern des alltäglichen Lebens verschmilzt und ihnen kompatibel macht. Von der Spitze der Parteihierarchie aus wurde befohlen, daß Kultur nicht länger der Besitz von wenigen und eine Ferienangelegenheit zu sein habe, sondern zu einer populären Angelegenheit und zu einem Faktor des täglichen Lebens werden solle. Die Arbeitsfront bemüht sich, die Arbeit zu verschönern: Es werden nicht nur die Fabriken, die Arbeitsplätze und Toiletten geschmückt, sondern auch die Wege zwischen den Geschäften und den Wohnorten des Arbeiters. Kunstausstellungen werden in den Fabriken gezeigt, um so eine existentielle Beziehung zwischen der *Arbeitswelt* und der Welt der Kunst aufzubauen. Der Arbeiter wurde an Kunst gewöhnt und teilweise auch an Schönheit.

Der Domestizierung der Kunst korrespondiert die Domestizierung der Sexualität. Auf den ersten Blick scheint sie nur ein Element des Nationalsozialismus im Wettlauf um eine größere und bessere Produktion zu sein: Die schönen Fabriken machen die Arbeiter gefügiger, geduldiger und beharrlicher. Diese Politik hat aber eine tiefere Bedeutung. Der Mensch betrachtet die Kunst als einen homogenen Teil seiner Umwelt. Er verliert das Gefühl der Entfremdung und wird mit der Kunst vertraut. Aber eine Kunst, die an eine Welt angepaßt wurde, die ihren Versprechen feindlich gegenüber steht, ändert ihren Inhalt und ihre Funktion: sie wird selbst zum Repressionsmittel, das den Menschen den Mächten anpaßt, die das gesellschaftliche und politische Leben beherrschen. Die schönen nackten Mädchen und farbenprächtigen Landschaften auf den Bildern der nationalsozialistischen Künstler passen perfekt zu den klassischen Versammlungsräumen und den schönen Fabriken, zu den Maschinen und Uniformen. Sie transformieren den Stimulus für Protest und Rebellion in einen Stimulus der Koordination. Sie verschmelzen mit dem Bild von einer Ordnung, die erfolgreich die verborgensten Gefahrenzonen der individualistischen Gesellschaft koordinierte. Schließlich bringen sie die Individuen dazu, eine Welt zu lieben und aufrechtzuerhalten, die sie nur als Mittel der Unterdrückung braucht.

Wir sind nun an das Ende dieser einführenden Betrachtung gekommen. Wir haben zu zeigen versucht, daß die nationalsozialistische Gesellschaft dazu tendiert, die direkte Herrschaft der mächtigsten sozialen Gruppe zu etablieren, die alle vermittelnden Gesetze und politischen Institutionen erobert oder abgeschafft hat, die zwischen ihren partikularen Interessen und dem allgemeinen Wohl standen. Ihr Regime, weit entfernt das Individuum zu unterdrücken, hat das menschliche Wesen von seinen finstersten Instinkten und Aspekten emanzipiert. Der Nationalsozialismus ist weder eine absolutistische noch eine nihilistische Revolution. Die neue Ordnung hat einen sehr bejahenden Inhalt: die aggressivsten und zerstörerischsten Formen des Imperialismus zu organisieren, die das moderne Zeitalter je gesehen hat.

1 im Original schreibt Marcuse »principle of achievement« und ergänzt in Klammern »(better: efficiency [*Leistungsprinzip*, P.-E. Jansen]«.

2 Adolf Hitler, Rede vor dem Industrie-Club in Düsseldorf am 26. 1. 1932, zitiert nach: A. Hitler, *Reden, Schriften, Anordnungen: Februar 1925 – Januar 1933*, München 1932, S. 74-110, S. 86 f.

3 ebd., S. 91 f.

4 ebd., S. 102.

5 Robert Ley, Die deutschen Sozialwerke als Ausdruck unseres Leistungswillens, in: *Neue Internationale Rundschau der Arbeit*, April 1941, H. 2, S. 137.

6 A. Hitler, S. 85.

7 R. Ley, S. 156 f.

8 Richard Henry Tawney, *The Acquisitive Society,* London 1926, S. 23.

9 zitiert nach: Edwin Moses jr., *The Majority of the People*, 1941, S. 193 ff.

10 *Democracy in America*, translated by H. Reeve, 1904, vol. II, S. 584.

11 zitiert nach: Mims, l.c. S. 152.

V

Kriegs- und Nachkriegsgeneration*

Die im folgenden skizzierte Untersuchung befaßt sich mit der deutschen Jugend. Sie war die treibende Kraft in einem Prozeß, der die tradierten Lebensweisen und -anschauungen durch die politischen, sozialen und wirtschaftlichen Erfahrungen der Kriegs- und Nachkriegszeit einem grundlegenden Wandel unterzog. Die Diskussion wird sich in erster Linie darum drehen, wie sich Krieg, Wirtschaftskrise und Arbeitslosigkeit auf die Familie sowie auf die Ideale und Einstellungen der jungen Generation ausgewirkt haben. Wir wollen diese Veränderungen analysieren, um herauszufinden, inwieweit sie zum Niedergang demokratischer und zum Aufstieg autoritärer Vorstellungen innerhalb der jungen Generation beigetragen haben.

Die Untersuchung wird sich vorwiegend auf folgende Materialien stützen:

* Die vorliegende Arbeit ist aus dem Forschungsvorhaben »Cultural Aspects of National Socialism. A Research Project under the joint directorship of Eugene N. Anderson, American University Washington D.C. and Max Horkheimer, Institute of Social Research New York City«. Es datiert vom 24. Februar 1941 und umfaßt insgesamt 52 maschinengeschriebene Seiten. Das Projekt sollte die Kräfte und Tendenzen bestimmen, die eine totalitäre Gesellschaft hervorbringen und zusammenhalten. Es hatte zum Ziel, den Nationalsozialismus aus seiner kulturellen Wirkung heraus verständlich zu machen. Beteiligt an den Vorarbeiten waren Friedrich Pollock, verantwortlich für den Bereich Bürokratie; Leo Löwenthal für Massenkultur; Max Horkheimer für anti-christliche Tendenzen; Herbert Marcuse für die Kriegs – und Nachkriegsgeneration; Franz Neumann für die ideologischen Aspekte der Arbeit und der neuen Mittelklasse; Theodor W. Adorno für Literatur, Kunst und Musik. Die einzelnen Bereiche wurden von den jeweils verantwortlichen »Direktoren«, wie sie im Original genannt werden, in drei bis fünfseitigen Entwürfen vorgestellt.

1. Die Programme und offiziellen Publikationen der deutschen Jugendbewegung.
2. Berichte über die Kongresse der Jugendorganisationen.
3. Interviews mit repräsentativen Persönlichkeiten der deutschen Jugendbewegung und der deutschen Reformpädagogik, die sich jetzt im Lande aufhalten und von denen einige als Experten Beiträge zu diesem Abschnitt der Untersuchung liefern werden.
4. Biographien und Erinnerungen einiger führender Persönlichkeiten der Kriegs- und Nachkriegsgeneration, ergänzt durch fiktionale Literatur von dokumentarischem Wert.
5. Berichte über einige charakteristische Gerichtsverhandlungen, bei denen deutsche Jugendliche verurteilt wurden (s. u., III).

Das Institut verfügt über eine wertvolle Sammlung von Materialien, die für diese Untersuchung relevant sind: Fragebögen, von Fachleuten und Beteiligten verfaßte Manuskripte, veröffentlichte Literatur.

Die deutsche Jugend erlebte den Zusammenbruch des Kaiserreichs als Übergang von einer relativ stabilen und gleichmäßig sich entwickelnden zu einer durch äußerste Unsicherheit geprägten Kultur. Indem wir die Aktivitäten und Vorstellungen der Jugendorganisationen analysieren, wollen wir die Reaktion dieser Jugend auf Inflation und technologisch bedingte Arbeitslosigkeit untersuchen. Besondere Aufmerksamkeit gilt dabei der Frage, durch welche Triebkräfte und Faktoren die wachsenden antidemokratischen Tendenzen gebündelt und gesellschaftlich befördert worden sind. Ferner soll untersucht werden, welche Rolle jene literarischen und philosophischen Strömungen, die seit der Jahrhundertwende die Werte des Liberalismus untergruben (Nietzsche, Burckhardt, Dostojewski, George), bei der Herausbildung antidemokratischer Ideen gespielt haben.

Uns schweben drei Einzeluntersuchungen vor:
1. Die eigentliche Jugendbewegung.
2. Die sogenannte Frontgeneration und die Freikorps.
3. ›Jugend in Not‹ – ein Versuch, bestimmte Typen von jugendlichen Kriminellen und Asozialen herauszuarbeiten, die im Hin-

blick auf den Übergang zum Nationalsozialismus von sozialer und politischer Bedeutung gewesen sind.

1. Die eigentliche Jugendbewegung

Zunächst bedarf ein ungewöhnliches Phänomen der Erklärung, nämlich die Politisierung der deutschen Jugend. Wir wollen diejenigen Situationen und Triebkräfte untersuchen, durch welche die deutsche Jugend in einem Ausmaß politisiert wurde, daß sie alle existentiellen Bedingungen und Probleme unmittelbar als *politische* Bedingungen und Probleme betrachtete. Wir werden sehen, inwieweit diese Einstellung die tradierten Lebensweisen transformierte und alle Versuche, eine einheitliche demokratische Kultur aufzubauen, behinderte.

a) Wir wollen untersuchen, inwieweit sich in den Strukturen, Organisationen und Aktivitäten der Jugendbewegung die Konflikte widerspiegeln, die mit den sozialen und wirtschaftlichen Auflösungserscheinungen im Gefolge des Ersten Weltkriegs einhergingen. Besondere Aufmerksamkeit gilt dabei den Aktivitäten und Vorstellungen der Wandervereine, genauer: der ›Wandervogel‹-Bewegung (die gerade auf emanzipierte Jugendliche eine enorme Anziehungskraft ausübte) sowie der Schulform der Landerziehungsheime. Wir werden dabei das Denken und Handeln repräsentativer Persönlichkeiten wie Gustav Wyneken und Hans Blüher analysieren.

b) Wir werden den Kampf zwischen liberalen und autoritären Tendenzen in den Aktivitäten und literarischen Veröffentlichungen der Jugendbewegung diskutieren. Besonderes Gewicht legen wir dabei auf die Rolle des Jugend-›Führers‹. Darüber hinaus wird gezeigt, in welchem Ausmaß selbst die demokratischen und nichtparteigebundenen Teile der Jugendbewegung sich den Idealen von Stärke, Gehorsam und Kollektivismus verpflichtet sahen und dergestalt die faschistische Ideologie in ihren ersten Umrissen schon vorausahnen ließen.

c) Die Auseinandersetzungen innerhalb der Jugendbewegung scheinen auf Familien- und Anpassungskonflikte eines bestimmten

Typs hinzudeuten, in dem Freud die Ursachen für gestörte Beziehungen zwischen dem Individuum und seiner Umwelt erblickte. Mit den Methoden und Begriffen der modernen Psychologie, insbesondere der Psychoanalyse, soll die psychologische Verfassung der deutschen Jugend aufgeschlüsselt werden.

Diese drei Untersuchungen werden durch eine vergleichende Analyse der Jugendbewegungen in Frankreich und England ergänzt. Dadurch soll deutlich werden, inwieweit die deutsche Jugendbewegung einerseits einen besonderen Typus der Kriegs- und Nachkriegsgeneration darstellt und andererseits Eigenschaften aufweist, die sich auch in der französischen und englischen Jugendbewegung finden lassen.

2. Die Frontgeneration und die Freikorps

Die Situation der sogenannten Frontgeneration bietet die geeignete Grundlage für eine Untersuchung der kulturellen Veränderungen, die der Übergang vom Krieg zum Frieden mit sich brachte. Wir wollen das Problem mittels einer Untersuchung der rechtsradikalen Freikorps, der Organisation junger Kriegsveteranen, angehen. Wir werden fragen, wie die deutsche Demokratie sich der Aufgabe stellte, diese jungen Menschen, denen im Weltkrieg die Gewalt zur Gewohnheit geworden war, zu einem Leben und einer Kultur des Friedens zurückzuführen und ihnen zu helfen, das im Krieg betriebene Geschäft der Gewalt in produktives Handeln umzuwandeln.

Wir werden untersuchen, inwieweit diese Aufgabe durch die Folgen der Wirtschaftskrise erschwert wurde, die eine dauerhafte Anpassung verhinderten und die Kriegsveteranen dazu brachten, sich zu Privatarmeen und eigenen paramilitärischen Organisationen zusammenzuschließen.

Im Mittelpunkt dieser Untersuchung wird eine Reihe von Fallstudien stehen, die sich mit dem Leben maßgeblicher Führer der Frontgeneration beschäftigen. Solche Fallstudien dürften durch die Tatsache gerechtfertigt sein, daß sich ein Großteil der nationalsozialistischen Führungsschicht aus den Freikorps rekrutierte. Diese Verbindung könnte mithin die psychologische Konstitution jener

Schichten beleuchten, die den Übergang von der Demokratie zum Nationalsozialismus beeinflußt haben. Zudem schlagen wir eine Untersuchung der terroristischen Methoden vor, derer sich die rechtsradikalen Organisationen in Deutschland bedient haben. Daraus könnten sich ausgezeichnete Parallelen im Hinblick auf die Quellen und das Wesen des Naziterrors ableiten lassen.

3. Typen jugendlicher Krimineller und Asozialer

In diesem Teil wollen wir bestimmte Typen von jugendlichen Kriminellen und Asozialen untersuchen, um den Zusammenhang zwischen dauerhafter Arbeitslosigkeit von Jugendlichen und politischem Extremismus zu erforschen. Wir diskutieren dabei die Frage, ob sich anhand dieser quantitativ geringfügigen Anzahl von Fällen begreifen läßt, warum die Radikalisierung der deutschen Jugend in der Nachkriegszeit so rapide zunahm. Diese Untersuchung jugendlicher Krimineller und Asozialer dient auch der Verdeutlichung einer Methode, die wir in unserem Gesamtprojekt anwenden wollen. Es geht darum, ausgewählte Extremfälle und -situationen, die in der Epoche des Übergangs von der Demokratie zur Diktatur die öffentliche Meinung in Deutschland erregt haben, so zu analysieren, daß sie die soziale und psychologische Situation der deutschen Bevölkerung beleuchten (vgl. etwa das Problem der Korruption in unserem Abschnitt über Massenkultur).

Die Typologie von Kriminellen und Asozialen soll vorbereitenden Charakter tragen, um anhand der gewonnenen Erkenntnisse charakteristische Merkmale zu bestimmen, die diese Delinquenten mit den Naziterroristen teilen. Möglicherweise spielt bei dieser Verbindung die Homosexualität eine wichtige Rolle. Die Erinnerungen von Röhm, Salomon, Schlichter, Strasser und anderen werden das dokumentarische Material liefern. Das Institut wird auch Materialien verwenden, die es für die Untersuchung der psychologischen Einstellung bestimmter Gruppen von deutschen Arbeitslosen gesammelt hat.

VI

Deutsche Philosophie im zwanzigsten Jahrhundert*

Einleitung

Das zwanzigste Jahrhundert beginnt mit einem Angriff auf die wachsende Selbstgefälligkeit der traditionellen deutschen Kultur. Die daran anschließende Geschichte der deutschen Philosophie ist mit dem Kampf, den die Erben des Liberalismus des neunzehnten Jahrhunderts gegen die Wegbereiter des autoritären Staates führten, sehr eng verbunden. Eine Untersuchung der in dieser Zeit entstehenden philosophischen Bewegungen wird zeigen, daß diese Verbindung ganz und gar nichts Äußerliches war, sondern vielmehr die Formulierungen der diversen philosophischen Schulen beeinflußte.

* Dieser Text entstammt dem Gesamtprojekt mit dem Originaltitel *German Economy, Politics, and Culture 1900-1933. A Research Project of the International Institute of Social Research* (Columbia University), datiert vom 29. Juli 1940. Das Projekt fand keine Geldgeber (vgl. verschiedene Hinweise in: Max Horkheimer, *Gesammelte Schriften*, Bd. 16) und wurde nie durchgeführt. Sicher ist, daß es schon zu Beginn des 2. Weltkrieges konzipiert war. »Gleich, ob Deutschland siegreich sein wird oder geschlagen wird, die Auswirkungen des Nationalsozialismus werden bedeutend sein«, heißt es in der Begründung zu diesem Forschungsvorhaben (Übersetzung Peter-Erwin Jansen). Beteiligt an den Vorarbeiten waren Henryk Grossman, verantwortlich für den Bereich Wirtschaftsgeschichte; ab 1940 war in dieser Sektion noch Arkadij Gurland tätig. Arthur Rosenberg war verantwortlich für Politische Geschichte; Franz Neumann für Arbeiterbewegung und den Arbeitsbegriff; Herbert Marcuse für Philosophie; Kurt Pinthus für Literatur; Theodor W. Adorno für Musik und Kunst. Verantwortlich für die Gesamtkonzeption war Max Horkheimer. Das Konzept befindet sich sowohl im Horkheimer- als auch im Marcuse-Archiv.

Wenn man die wahre Bedeutung der deutschen Philosophie für die Situation der Kultur im prä-nationalsozialistischen Deutschland verstehen will, muß man die traditionellen Interpretationen durch eine neue ersetzen.

1. Ungeachtet der großen Unterschiede zwischen den einzelnen philosophischen Schulen stellt die zeitgenössische deutsche Philosophie eine gegenüber der vorangegangenen philosophischen Entwicklung eigenständige Einheit dar.

2. Charakteristisch für diese Einheit ist die Einführung eines gänzlich neuen kategorialen Rahmens, der die grundlegenden Begriffe, durch welche die Philosophie des neunzehnten Jahrhunderts mit den Prinzipien des Liberalismus verbunden war, transformierte und später ad acta legte.

3. Es wäre oberflächlich, die maßgebenden philosophischen Schulen danach einzuteilen, inwieweit sie die im Entstehen begriffene autoritäre Ideologie vorbereiteten oder ihr Widerstand entgegensetzten. Die nähere Untersuchung wird zeigen, daß einige der angeblich fortschrittlichen Tendenzen Vorstellungen beförderten, die die Unterordnung unter die zur Machtergreifung drängenden sozialen Kräfte erleichterten, während Philosophien, die eher als Vorläufer des Nationalsozialismus gelten, tatsächlich eine radikale Kritik am Nationalsozialismus enthalten.

Der Zusammenbruch des Nationalismus

Der neue kategoriale Rahmen richtete sich zunächst gegen die im letzten Drittel des neunzehnten Jahrhunderts dominierende Philosophie, in der sich das optimistische Selbstbewußtsein einer Gesellschaft ausdrückte, die angesichts wachsender wirtschaftlicher und politischer Erfolge auf die Stabilität des Status quo vertraute. Der technologische und naturwissenschaftliche Fortschritt beförderte einen Rationalismus, dessen Credo lautete, daß alle menschlichen Möglichkeiten innerhalb der gegebenen Gesellschaftsordnung durch die ungehinderte geistige und praktische Tätigkeit der Individuen verwirklicht werden könnten. Der Philosophie fiel dabei die Aufgabe zu, das Bewußtsein der Menschen transparenter zu machen, die Gegenstände des Denkens und Handelns zu erklären und zu strukturieren und alle Ziele, die jenseits der Methode der exakten Wissenschaften lägen, preiszugeben.

Die neue Ära der deutschen Philosophie begann mit Nietzsches Angriff auf diese Philosophie. Wir werden zeigen, daß die zentralen Motive seines Werks nicht nur das liberalistische, sondern auch das totalitäre System transzendieren. Während Nietzsches Philosophie selbst auf einem neuen Individualismus beruhte, stand ihre Rezeption im Zeichen der Heraufkunft des autoritären Staates. Nunmehr wurden die Fortschrittsideen des Rationalismus in Frage gestellt; die Macht der Vernunft und die Bedeutung der Freiheit wichen der Überlegenheit neuer gesellschaftlicher und geschichtlicher Kräfte. Jetzt tauchten Lehren auf, welche der Schwäche des Intellekts und der Ohnmacht des Individuums die Vorherrschaft von Rasse und Nation entgegensetzten (Julius Langbehn, Paul de Lagarde). Man glaubte die Geschichte von ewigen Naturgewalten beherrscht, denen die menschliche Praxis sich zu fügen hatte (Moeller van den Bruck).

Die neue Psychologie

In diesen Tendenzen kündigte sich die Ideologie des Nationalsozialismus bereits an, doch wurde die Zerstörung der traditionellen philosophischen Strukturen auch von jenen theoretischen Ansätzen betrieben, in denen die fortschrittlichen Tendenzen und Vorstellungen des neunzehnten Jahrhunderts fortlebten. Der Beginn des zwanzigsten Jahrhunderts markiert den Aufstieg einer neuen Psychologie, der zufolge das individuelle Ich auf dem Unbewußten beruht und durch irrationale Kräfte bestimmt wird, die sich seiner Kontrolle entziehen. Freud, der Begründer dieser Theorie, verband diese Konzeption noch mit einer Abwendung von der Kultur und Moral der Mittelschichten, denn es ging ihm um die Befreiung des Individuums. Indem er das Unbewußte zum Zufluchtsort dunkler und zerstörerischer Kräfte machte, deren Läuterung Aufgabe des aufgeklärten Bewußtseins ist, bewahrte er entscheidende Elemente des Rationalismus der Aufklärung. Schon bald jedoch wurde die

Psychologie dieser Epoche von Theorien vereinnahmt, die das Unbewußte zur Quelle höherer geschichtlicher Mächte stilisierten. Das individuelle Bewußtsein schien nun von überwältigenden, jenseits der Rationalität liegenden Kräften geformt zu werden. Die Wahrheit der Gegenwart wurde in prähistorischen Mythen gesucht, Wissen und Wille den Forderungen von ›Blut‹ und ›Seele‹ unterworfen. Nietzsches neo-individualistischer Kampf gegen die historische Gestalt des Bewußtseins der Mittelschichten wurde in einen Kampf gegen alle rationalen Maßstäbe verwandelt (Ludwig Klages, Carl Gustav Jung).

Künstliche Renaissancen

Die Auflösung der traditionellen kulturellen Muster wurde selbst von jenen Philosophen bezeugt, die sie bewahren wollten. Am Ende des neunzehnten Jahrhunderts wurde eine ganze Reihe von künstlichen Renaissancen ins Leben gerufen (Neokantianismus, Neohegelianismus, die Wiederentdeckung von Kierkegaard). Künstlich sind sie, weil die eigentlichen Motive Kants, Hegels und Kierkegaards mit einer vergangenen geschichtlichen Lebensform verknüpft sind und nicht länger als rein philosophische Motive behandelt werden konnten. So wurde die Rückkehr zu Kant und Hegel eine Flucht zu den großen Führern der Vergangenheit, eine Geisteshaltung, die sehr bald den Anschluß an die Führer von heute fand: Die letzten Schriften von Heinrich Rickert verkündeten die Geistesverwandtschaft von Neokantianismus und Nationalsozialismus.

Geisteswissenschaften und Lebensphilosophie

Diese künstlichen Renaissancen beschleunigten das Ende des Idealismus. Im achtzehnten Jahrhundert stellte der deutsche Idealismus nicht einfach eine philosophische Schule unter anderen dar, sondern war die Philosophie von Vernunft und Freiheit, aus der die dialektischen Begriffe hervorgingen, die später diese philosophische Form sprengen sollten. Als die spätere Philosophie den deutschen Idealismus revidierte oder verwarf, gelangte sie nicht zu einer theoretischen und praktischen Kritik der existierenden Gesellschaftsordnung, sondern brachte eine Vielzahl von divergierenden Schulen hervor, die zwar die Form des Idealismus beibehielten, seinen ursprünglichen transvoluntaristischen Gehalt jedoch schnell über Bord warfen. Dieser Prozeß begann mit der Entgegensetzung von Kultur- und Naturwissenschaften (Windelband, Rickert), die die Interpretation gesellschaftlicher und geschichtlicher Tatbestände von der Vorherrschaft naturwissenschaftlich geprägter Begriffe befreien sollte. Je weiter sich diese Tendenzen jedoch fortentwikkelten, desto mehr gerieten sie in Widerspruch zur ursprünglichen Intention. So gewann der Naturbegriff in den neu entstandenen Geisteswissenschaften immer stärkeren Einfluß, während in den Naturwissenschaften das Element der Vernunft immer weiter zurückgedrängt wurde. Für Dilthey lag der Gegenstand der Geisteswissenschaften in der soziohistorischen Welt, die durch eigenständige, von den Naturwissenschaften völlig unabhängige Kategorien begriffen werden sollte, deren wichtigste die des ›Lebens‹ war. Diese Kategorien unterschieden sich ebenfalls von den traditionellen philosophischen Begriffen. Das abstrakte Subjekt der Erkenntnistheorie sollte durch die konkrete Individualität mit dem gesamten Reichtum ihrer natürlichen und geschichtlichen Existenz ersetzt werden. Auch hier drang die geschichtliche Wirklichkeit tief in die Begriffsstruktur der philosophischen Systeme ein. Dilthey wollte das traditionelle philosophische System als Ausdruck des Kampfes begreifen, den der Mensch mit der Natur und der Gesellschaft ausficht. Aber die Kraft der Erkenntnis wurde durch einen skeptischen Relativismus gelähmt, der jegliche historische Größe als der Vernunft vorgelagert betrachtete, während diese ihrerseits reines Derivat des Historischen blieb. Die Geschichte wurde zum Feld, auf dem sich die einheitliche Menschennatur in unzähligen Daseinsformen zeigte.

Die Emanzipation der Geisteswissenschaften führte zu einem neuen Typus von Philosophie, der auf die Erarbeitung von Begriffen zielte, mit deren Hilfe die wahre Struktur der geschichtlichen Wirklichkeit verstehbar werden sollte (Max Weber, Georg Simmel, Ernst Troeltsch). Von den positivistischen Beschränkungen der exakten Naturwissenschaften befreit, konnte die Philosophie sich nun direkt den tatsächlichen Problemen der Geschichte widmen. Doch wurde der von diesen Denkern erlangte Reichtum an soziologischen Einsichten durch einen zunehmenden Relativismus abgewertet. Die Objektivität von Erkenntnis geriet zum methodologischen Problem, während die Gegenstände der Geisteswissenschaften jenseits von Wahrheit oder Unwahrheit, Richtigkeit oder Falschheit, Freiheit oder Barbarei angesiedelt wurden. Die soziologische Philosophie läßt sich mit dem deutschen Kaiserreich ebenso vereinbaren wie mit der Weimarer Republik oder mit extremistischen Tendenzen.

Alle Bemühungen um eine neue Grundlegung der Philosophie haben ihren kritischen Impetus nach und nach verloren und sich schließlich in den Positivismus oder in die Arme des einst bekämpften Gegners geflüchtet. Zwar wollte die deutsche Philosophie die fortschrittlichen Ideen des liberalistischen Jahrhunderts – die Autonomie der kritischen Vernunft, die unveräußerliche Freiheit der Person, die ultimative Gültigkeit wissenschaftlicher Beweise im Streben nach Wahrheit – bewahren, doch lief ihr Versuch, diese von der gesellschaftlichen Wirklichkeit bereits diffamierten und verworfenen Ideen zu retten, auf die Verkündigung von Begriffen hinaus, die nicht den dahinsterbenden Liberalismus, sondern das im Aufstieg begriffene autoritäre System stützten. Der ›Wille zur Macht‹, die Entgegensetzung von ›Leben‹ und ›Geist‹, die historistische Relativierung der Vernunft – all diese ›Revolutionen‹ sind Zeugnisse dieser Ambiguität, die ihren stärksten Ausdruck in der Entwicklung der Phänomenologie fand.

In den zwei Jahrzehnten vor dem Aufstieg des Nationalsozialismus gab die Phänomenologie nicht nur in der deutschen Philosophie, sondern auch in weiten Bereichen des kulturellen Lebens den Ton an. Psychologie, Anthropologie, Theologie, die Rechtswissenschaften, ja sogar die Medizin standen im Bann der phänomenologischen Philosophie. Ihr Wirkungskreis erstreckte sich auch auf die deutsche Jugendbewegung, und mit ihrem letzten Vertreter wurde sie ganz offen politisch. Die Intentionen der Phänomenologie waren anfänglich den Zielvorstellungen der Philosophie Nietzsches durchaus vergleichbar. Der europäische Nihilismus, der den Niedergang der liberalistischen Gesellschaft einläutete, stellte sich der Phänomenologie als skeptischer Relativismus dar, dessen Ziel darin bestand, die Grundprinzipien der Theorie in psychologische Gesetzmäßigkeiten aufzulösen. Husserls Angriff auf den ›Psychologismus‹ war das letzte Gefecht, das die Philosophie des neunzehnten Jahrhunderts im Kampf um die Wahrheit austrug. Husserl zufolge war der das Geistesleben seit dem Ende des neunzehnten Jahrhunderts beherrschende Wissenschaftspositivismus nur ein notdürftig verhüllter Skeptizismus, dessen Triebkraft die grundsätzliche Verzweiflung über die Ohnmacht der Vernunft bildete. Dagegen wollte Husserl der Philosophie als ›strenger‹ Wissenschaft zu ihrer alten Stellung zurückverhelfen, und dazu war es notwendig, die ganzen psychologischen, biologischen und soziologischen Doktrinen, die sich zwischen den Menschen und die ›Sachen selbst‹ geschoben hatten, aus dem Weg zu schaffen.

Unsere Untersuchung wird erweisen, wie die ursprünglichen Intentionen der Phänomenologie bei ihrer weiteren Entwicklung abgeschwächt wurden und sich schließlich in ihr Gegenteil verkehrten. Nach und nach verließ Husserls philosophischer Radikalismus die Grundlage, auf der er die Wirklichkeit greifbar machen konnte. Die Konkretheit des Denkens wurde zur illusionären Konkretheit einer bereinigten Erkenntnis, die sich nur noch auf Gegenstände bezog, welche von niemandem in Zweifel gezogen wurden. Die im guten Sinne positivistischen Tendenzen der Phänomenologie wurden von einem radikalisierten transzendentalen Idealismus absorbiert, der die Autonomie und Spontaneität des denkenden Subjekts der Passivität der ›Wesensanschauung‹ unterordnete.

Aufstieg und Spaltung der phänomenologischen Schule fielen mit der Entstehungs- und Zerfallszeit der Weimarer Republik zusammen. In den auseinanderstrebenden Richtungen der Phänomenologie spiegelten sich nicht nur die das Schicksal der Weimarer Republik bestimmenden sozialen und politischen Tendenzen, vielmehr kündigten sich in ihnen auch schon die Kräfte an, die am Ende triumphieren sollten. Der Protest gegen ihren schnellen Zerfall suchte Unterstützung bei Ideen, die den vom Zerfall profitierenden Kräften nützten. Je konkreter die Phänomenologie wurde, desto stärker bezogen ihre Vertreter die neue Theorie auf die tatsächliche geschichtliche Existenz des Menschen und unterstützten jene Werte, die gegen die Belange der Freiheit ins Feld geführt wurden. Max Schelers bereits 1916 vollständig veröffentlichte Ethik (Der Formalismus in der Ethik und die materiale Wertethik; 1. Teil 1913, 2. Teil 1916) fand ihren Höhepunkt in den bedingungslos gültigen Vorbildern des Helden, des Führers und des Heiligen. Das Individuum wurde von Scheler mit universell bindenden ›Wertgesetzen‹ konfrontiert, denen es sich unterwerfen mußte – und zwar nicht etwa aufgrund ihrer Rationalität, sondern weil sie aus dem ›Wesen‹ des Menschen und seiner unveränderlichen ›Stellung im Kosmos‹ abgeleitet waren. Schelers philosophische Anthropologie ließ die empirische Existenz des Menschen auf harmonische Weise in einem vermeintlich ewigen Wesen aufgehen. Seine Philosophie verkörperte das Geistesleben der Weimarer Republik auf fast idealtypische Weise. In seinen ständig sich wandelnden Anschauungen finden sich die geistigen Bewegungen jener Zeit in ihrer ganzen Widersprüchlichkeit: Rassismus, Pazifismus, Katholizismus, Primitivismus, Pragmatismus, Mystizismus usw.

Der Übergang zur Politik

Trotz unterschiedlicher Inhalte und Ausrichtungen fanden die antagonistischen philosophischen Tendenzen der präfaschistischen Ära ihr gemeinsames Ziel darin, das ganze Geistesleben auf die

Revolutionierung des bestehenden Systems auszurichten. Das chaotische Auf und Ab der Weimarer Republik – Inflation, Stabilisierung durch ausländische Kredite, Zusammenbruch – fand seinen Ausdruck in den Versuchen bestimmter Philosophen, die soziale Unsicherheit durch die Einbindung der Philosophie in die Probleme des gesellschaftlichen und politischen Lebens zu überwinden. Dieser Versuch zwang die Philosophie, sich zwischen Sozialismus und Autoritarismus zu entscheiden, wobei die Restbestände der alten liberalistischen Ideologie in alle Winde verstreut wurden. Unsere Untersuchung wird sich ausführlich mit einigen Denkern beschäftigen, die in Arbeiten über die moderne deutsche Philosophie nur am Rande erwähnt werden, obwohl sie äußerst einflußreich waren und mit der kulturellen wie auch der politischen Vorgeschichte des Nationalsozialismus unlösbar verbunden sind. Eine vorläufige Gliederung könnte folgendermaßen aussehen:

1. Politische Philosophie (Carl Schmitt);
2. Politische Philosophie der Geschichte (Oswald Spengler);
3. Philosophischer Aktivismus (Ernst Jünger);
4. Romantischer Universalismus (Othmar Spann);
5. Religiöser Radikalismus:
   Katholische Vertreter (Theodor Haecker, Romano Guardini);
   Protestantische Vertreter (Karl Barth, Paul Tillich, Rudolf Bultmann, Friedrich Gogarten);
   Jüdische Vertreter (Franz Rosenzweig, Martin Buber);
6. Philosophischer Marxismus (Georg Lukács, Ernst Bloch).

Der letzte philosophische Versuch

Martin Heideggers Philosophie stellt den energischen Versuch dar, die Würde der Philosophie als letztgültiger Richtschnur in Sachen menschlicher Existenz wiederherzustellen. Dieser Versuch endet mit der Auslieferung der Philosophie an den Nationalsozialismus. Heidegger berief sich auf Kräfte, die von der offiziellen nationalsozialistischen Philosophie mittlerweile verdammt werden, in denen einst jedoch das Aufbegehren einer unterdrückten Menschheit seinen Ausdruck fand: Pessimismus, Atheismus, Angst und Verzweiflung des Individuums in einer von Knechtschaft und Anarchie geprägten Welt. Die energische Art und Weise, in der Heidegger die tatsächliche menschliche Existenz zur Grundlage jeglicher Philosophie machte, ließ ihn zu einem der wirklich großen Interpreten der Philosophiegeschichte werden. Heideggers Untersuchungen zur griechischen Philosophie (die noch nicht veröffentlicht sind, sich aber im Besitz des Internationalen Instituts für Sozialforschung befinden) stellten angesichts derart vieler künstlicher Renaissancen eine echte Wiedergeburt dar. Jedoch fand die konkrete Existenz, die Heidegger als Fundament für die Neubegründung der Philosophie dienen sollte, ihre Errettung aus Angst, Verzweiflung und Nihilismus in genau jener totalitären Entschlossenheit, die aus der Enttäuschung über den Liberalismus nationalsozialistisch orientierte Konsequenzen zog. Umgeben von allgemeinen Auflösungserscheinungen suchte die Philosophie ihre Zuflucht bei der ›natürlichen‹ Integrität von Blut und Boden sowie in der Ganzheitlichkeit des Volkstums.

VII

33 Thesen*

1. »Nach der militärischen Niederlage des Hitler-Faschismus (der eine verfrühte und isolierte Form der kapitalistischen Reorganisation war) teilt sich die Welt in ein neo-faschistisches und sowjetisches Lager auf. Die noch existierenden Überreste demokratisch-liberaler Formen werden zwischen den beiden Lagern zerrieben oder von ihnen absorbiert. Die Staaten, in denen die alte herrschende Klasse den Krieg ökonomisch und politisch überlebt hat, werden in absehbarer Zeit faschisiert werden, die anderen in das Sowjet-Lager eingehen.«

2. »(Die neo-faschistische und die sowjetische Gesellschaft sind ökonomisch und klassenmäßig Gegner und ein Krieg zwischen ihnen ist wahrscheinlich. Beide sind aber in ihren wesentlichen

* Der Titel »33 Thesen« wurde in Übereinstimmung mit der amerikanischen Marcuse-Ausgabe gewählt. Diese auf sechs Bände angelegte Ausgabe, ediert und herausgegeben von Prof. Dr. Douglas Kellner, erscheint ab 1998 bei Routledge (New York). Der größte Teil der Texte, die in dieser Ausgabe veröffentlicht werden, sind Arbeiten aus dem Nachlaß. Douglas Kellner ist Professor für Philosophie und lehrt an den Universitäten von Austin und Los Angeles. Das Manuskript ist vom Februar 1947 und liegt im Max Horkheimer Archiv. Sein vollständiger Originaltitel lautet: »33 Thesen zur militärischen Niederlage des Hitlerfaschismus«. Marcuse, der nach Kriegsende auf eine Fortführung der *Zeitschrift für Sozialforschung* drängte, beabsichtigte diese Thesen für eine mögliche Neuausgabe der *Zeitschrift* zu überarbeiten. Marcuse deutete dies in einem Brief an Max Horkheimer an: »Ich habe mich sofort daran gemacht, die Thesen im Sinne unserer Diskussion durchzuarbeiten und zu ergänzen. Andere Arbeiten, angeregt durch unsere Diskussion, werden folgen«. (Brief an Max Horkheimer vom 17. Oktober 1947, unveröffentlicht).

Herrschaftsformen anti-revolutionär und einer sozialistischen Entwicklung feindlich.) Der Krieg mag den sowjetischen Staat zu einer neuen radikaleren »Linie« zwingen: eine solche Wendung wäre äußerlich, dem Widerruf ausgesetzt, und würde, wenn erfolgreich von der ungeheuren Machtsteigerung des Sowjetstaates aufgehoben werden.«

3. »Unter diesen Umständen gibt es für die revolutionäre Theorie nur einen Weg: rücksichtslos und ohne jede Maskierung gegen beide Systeme Stellung zu nehmen, die orthodox marxistische Lehre beiden gegenüber ohne Kompromiß zu vertreten. Vor der politischen Wirklichkeit wäre eine solche Haltung ohnmächtig, abstrakt, unpolitisch, aber wo die politische Wirklichkeit als ganzes falsch ist, mag die unpolitische Haltung die einzige politische Wahrheit sein.«

4. Die Möglichkeit ihrer politischen Verwirklichung ist selbst ein Teil der marxistischen Theorie. Die Arbeiterklasse und die politische Praxis der Arbeiterklasse, die sich verändernden Klassenverhältnisse (im nationalen und internationalen Maßstab) bestimmen fortgesetzt die Begriffsbildung der Theorie, wie sie andererseits von ihr bestimmt werden – aber nicht von der praxislosen Theorie, sondern von der, die »die Massen ergreift.« Die Verwirklichung ist weder Kriterium noch Inhalt der marxistischen Wahrheit, aber die geschichtliche Unmöglichkeit der Verwirklichung ist mit ihr unvereinbar.

5. Die in der 3. These angedeutete Haltung bekennt die geschichtliche Unmöglichkeit der Verwirklichung. Es gibt außerhalb des sowjetischen Lagers keine »revolutionsfähige« Arbeiterbewegung. Die Verbürgerlichung der Sozialdemokratie hat eher zu- als abgenommen. Die Trotzkistischen Gruppen sind gespalten und hilflos. Die kommunistischen Parteien sind (heute) nicht revolutionswillig und insofern auch nicht revolutionsfähig, aber sie sind die einzige anti-kapitalistische Klassenorganisation des Proletariats und insofern die (heute) einzige mögliche Basis der Revolution. Sie sind aber auch gleichzeitig die Werkzeuge der sowjetischen Politik und

als solche (heute) revolutionsfeindlich. Das Problem liegt in der Einheit potentiell revolutionsfähiger und aktuell revolutionsfeindlicher Kräfte in den kommunistischen Parteien.

6. Die totale Unterordnung der kommunistischen Parteien unter die sowjetische Politik ist selbst das Resultat der veränderten Klassenverhältnisse und der Reorganisation des Kapitalismus. Der Faschismus als die moderne Form der Klassendiktatur des Kapitals hat die Bedingungen der revolutionären Strategie völlig verändert. Das Kapital hat (nicht nur in den faschistischen Staaten) einen terroristischen Apparat von solcher Schlagkraft und Allgegenwart, daß die traditionellen Waffen des proletarischen Klassenkampfes ihm gegenüber als ohnmächtig erscheinen. Die neue Technik des Krieges und ihre strikte Monopolisierung und Spezialisierung macht aus der Volksbewaffnung eine hilflose Angelegenheit. Die offene Identifizierung des Staates mit der Ökonomie und die Eingliederung der Gewerkschaftsbürokratie in den Staat wirken gegen den politischen Streik und besonders gegen den Generalstreik – vielleicht die einzige Waffe gegen das faschisierte Kapital. Diese Entwicklung hat dazu geführt, daß die einzige Möglichkeit einer erfolgreichen Bekämpfung des ungeheuren militärisch-politischen Apparats des Kapitals in dem Aufbau und Einsatz eines mindestens gleich starken militärisch-politischen Gegenapparats liege, dem die ganze traditionelle revolutionäre Strategie unterzuordnen sei. Die Sowjetunion wird als solcher Gegenapparat angesehen.

7. Die Frage, ob die Machthaber in der Sowjetunion überhaupt noch an der Revolution interessiert sind, war in dem Zusammenhang dieses Arguments sekundär. Das Argument wurde aufrechterhalten, selbst wenn angenommen wurde, daß eine subjektive Verbindung zwischen der Sowjetmacht und der Revolution nicht mehr existierte. Die Sowjetmacht würde, so hieß es, unvermeidlich in einen immer schärferen Konflikt mit den kapitalistischen Staaten gedrängt – auch wenn sie nur nationale Interessen vertrete und darstelle. Die Sowjetunion wäre das gefährlichste und verlockendste Objekt imperialistischer Kapitalspolitik und als solches der gegebene Feind, der früher oder später zu den Waffen greifen müsse.

Der gemeinsame Gegensatz gegen das Kapital sei die Basis einer zukünftigen Wiedervereinigung von Revolution und Sowjetismus – wie die augenblickliche Allianz von Kapitalismus und Sowjetismus die Basis für die Trennung von Revolution und Sowjetismus sei.

8. Diese Begründung der kommunistischen Linie ist dem Einwand offen, daß die Erziehung zur anti-revolutionären, nationalen Politik die Arbeiterklasse hoffnungslos revolutionsunfähig macht – selbst wenn sie bloße »Taktik« ist. Sie schafft »vested interests« die ihre eigene Dynamik haben und der Taktik Herr werden. Sie zersetzt das Klassenbewußtsein und verfestigt die Unterwerfung unter das nationale Kapital. Sie verstößt gegen die Einheit von Ökonomie und Politik und subsumiert das Klassenverhältnis unter die verselbständigte Politik.

9. Die Abweisung der politischen Begründung der Unterordnung der revolutionären Strategie unter den Sowjetismus ist nur die Vorstufe für die Zurückführung des Problems in seine eigentliche Sphäre – die der realen Klassenverhältnisse. Die kommunistische Linie weist hinter ihre *eigene politische Begründung auf diese Verhältnisse zurück: sie ist der Ausdruck und das Resultat einer strukturellen Veränderung innerhalb der Arbeiterklasse* und in deren Verhältnis zu den anderen Klassen. Auch die Wandlung in der Herrschaftsform des Kapitals (von der die politische Begründung der Linie ausgeht) ist von dieser strukturellen Veränderung aus zu verstehen.

10. Sie hat ihren handgreiflichsten Ausdruck in der Tatsache gefunden, daß die Sozialdemokratie den Faschismus (dessen Aufkommen sie begünstigt hat) siegreich überlebt hat, daß sie die gesamte organisierte Arbeiterbewegung außerhalb der kommunistischen Partei abermals monopolisiert hat, daß die kommunistischen Parteien sich selbst sozialdemokratisieren, und daß bisher keine revolutionäre Arbeiterbewegung aus dem Zusammenbruch des Hitler-Faschismus entstanden ist. Die Sozialdemokratie scheint also der adäquate Ausdruck der nicht-kommunistischen Arbeiterbewegung zu sein. Und die Sozialdemokratie selbst hat sich nicht radikalisiert,

sondern folgt im wesentlichen ihrer vor-faschistischen Politik der Klassenkooperation. Die nicht-kommunistische Arbeiterbewegung ist eine verbürgerlichte (im objektiven Sinne) Arbeiterbewegung, und die Arbeiterstimmen gegen die kommunistischen Parteien sind Stimmen gegen die Revolution, nicht nur gegen den Sowjetismus.

11. Die Verbürgerlichung, oder die Versöhnung eines großen Teils der Arbeiterklasse mit dem Kapitalismus kann nicht durch den Hinweis auf die (wachsende) »Arbeiteraristokratie« erklärt werden. Die Arbeiteraristokratie und die sie ermöglichenden Faktoren haben sicher in der Entwicklung der Sozialdemokratie eine entscheidende Rolle gespielt, aber die Verbürgerlichung geht an Tiefe und Ausdehnung weit über die Schicht der Arbeiteraristokratie hinaus. In Deutschland und Frankreich sind die Träger der Verbürgerlichung in der nach-faschistischen Periode durchaus nicht in erster Linie die Exponenten der Arbeiteraristokratie. Die Tiefe und Ausdehnung der Verbürgerlichung kann auch nicht an der Herrschaft der Bürokratie über den Organisationsapparat (von der Partei und Gewerkschaften) erklärt werden: Der Organisationsapparat war durch den Faschismus zerbrochen worden, und doch ist in dem Vakuum, das der besiegte Faschismus hinterlassen hatte, keine Gegenbewegung, sondern dieselbe Bürokratie wieder zur Herrschaft gekommen.

12. Es ist *eine der dringlichsten Aufgaben der Theorie, die Verbürgerlichung in ihren ganzen Tragweite zu untersuchen.* Nochmals: *Die Verbürgerlichung muß als objektives Klassenphänomen gesehen werden: nicht als mangelnder Revolutionswillen* der Sozialdemokraten oder als ihr bürgerliches Bewußtsein, sondern als die ökonomische und politische Einordnung eines großen Teils der Arbeiterklasse in das System des Kapitals, als eine *Veränderung in der Gestalt der Ausbeutung.* Die Grundlage für diese Untersuchung ist gegeben in Marx' Andeutungen über den Surplusprofit und die Monopolstellung bestimmter Produzenten und Produktionssphären. Die Entwicklung führt weiter zur unmittelbaren Verschmelzung des Staats mit dem Kapital einerseits, und zur *staatlich-administrativen Regelung der Ausbeutung* andererseits, wodurch der freie Arbeitsvertrag durch gebundene öffentliche Kollektivverträge ersetzt wird.

Diese Faktoren umreißen den Rahmen, in dem sich die ökonomische Eingliederung der Arbeiterklasse in den kapitalistischen Staat vollzieht. Mit ihr wächst der (quantitative und qualitative) Anteil der Arbeiterklasse am Sozialprodukt so weit, daß aus der Gegenstellung zum Kapital weitgehende Zusammenarbeit wird.

13. Im Lauf derselben Entwicklung fällt die volle Last der *Ausbeutung auf Schichten und Gruppen, die ihrer gesellschaftlichen Lage nach Rand- oder Fremdgruppen sind.* »Outsiders« des eingegliederten Teils der Arbeiterklasse und ihrer Solidarität, und, im extremen Fall, »Feinde.« Sie sind die »Unorganisierten,« »unskilled workers,« Landarbeiter, Wanderarbeiter; Minoritäten, Koloniale und Balbkoloniale; Gefangene, usw. Hier muß der Krieg als wesentliches Element des kapitalistischen Gesamtprozesses gesehen werden: raubmäßige Reproduktion des Monopolkapitals durch die Ausplünderung besiegter Länder und ihres Proletariats; Schaffung von ausländischen Konzentrationen der Surplus-Ausbeutung und absoluten Verelendung. Die Tatsache, daß die raubmäßige Ausplünderung sich der besten Mittel der modernen Technologie bedient und hochentwickelte kapitalistische Länder trifft, stärkt die Macht des Monopolkapitals und seines siegreichen Staates in bisher unbekanntem Masse.

14. Die ökonomische und politische Identifizierung des eingegliederten Teils der Arbeiterschaft mit dem kapitalistischen Staat ist begleitet von einer nicht minder entscheidenden »kulturellen« Eingliederung und Identifizierung. Der Satz von dem Recht des Bestehenden, das, wenn auch schlecht, doch das Ganze erhält und besorgt, ist auf alle Sphären des gesellschaftlichen und individuellen Lebens anzuwenden. Seine Gültigkeit ist sehr verfestigt worden durch die offenbare Widerlegung seines Gegensatzes in der Entwicklung der russischen Revolution. Daß die erste erfolgreiche sozialistische Revolution bisher nicht zu einer freieren und glücklicheren Gesellschaft geführt hat, diese Tatsache hat *zur Versöhnung mit dem Kapitalismus* unendlich viel beigetragen und die Revolution objektiv diskreditiert. Sie hat das Bestehende in einem

neuen Licht erscheinen lassen, und das Bestehende hat dieses Licht zu nutzen verstanden.

15. Das Phänomen der kulturellen Identifizierung erfordert eine Diskussion des *»Kitt«-Problems auf erweiterter Grundlage.* Einer der wichtigsten Faktoren ist hier die Gleichschaltung ursprünglich avantgardistisch-oppositioneller Kräfte mit dem Kulturapparat des Monopolkapitals (die Wendung und Anwendung der Psychoanalyse, der modernen Kunst, der Sexualität usw. im Arbeits- und Unterhaltungsprozeß.) Vor allem ist die Wirkung des »Kitts« innerhalb der Arbeiterklasse zu untersuchen: »scientific management,« Rationalisierung, Interesse der Arbeiter an der Steigerung der Produktivität (und dabei an der Intensivierung der Ausbeutung), Stärkung des Nationalgefühls.

16. Die kommunistische Strategie der Parteidiktatur ist die Antwort auf die Verbürgerlichung der Arbeiterklasse. Wenn die Revolution nur das Werk der Arbeiterklasse sein kann, die Arbeiterklasse aber durch ihre Eingliederung in das System des Kapitals diesem Werk entfremdet worden ist, dann setzt die Revolution die Diktatur der revolutionswilligen »Avantgarde« über die eingegliederte Arbeiterklasse voraus. *Die Arbeiterklasse wird damit zum Objekt der Revolution,* das sich erst und nur in seiner Manipulierung und Organisierung durch die Partei zum Subjekt entwickeln kann. Die kommunistische Diktatur über das Proletariat wird zur Vorstufe der Diktatur des Proletariats.

17. Die einzige Alternative wäre die objektive Zurücknahme der Verbürgerlichung, *das Zerreißen der Eingliederung* durch die sich entfaltenden Widersprüche des Kapitalismus, die dann notwendigerweise auch den ökonomischen Boden abtragen, auf dem das Kapital die Eingliederung besorgt. Aber das Kapital wird in die kommenden Krisen als sich faschisierendes oder schon wieder faschistisches Kapital eintreten: Auf ihrem Höhepunkt wird in Amerika die Arbeiterklasse bereits weitgehend entmachtet, ihre Organisation gebrochen, der Militär- und Polizeiapparat allgegenwärtig sein. Wenn England eine selbständige Entwicklung haben

sollte, wird dort der anti-revolutionäre Gewerkschaftssozialismus eine Mittelklassen-Gesellschaft einrichten, die die Verbürgerlichung noch vollkommener machen wird. Frankreich steht immer noch vor der Möglichkeit aller dreier Entwicklungen: der faschistischen, der gewerkschaftssozialistischen, und der sowjetischen. Und Deutschland wird in der nächsten Zukunft zum Objekt dieser drei Kräfte herabgedrückt bleiben. Die sich entfaltenden Widersprüche des Kapitalismus tendieren zum Faschismus oder zum *anti-revolutionären Staatssozialismus* – nicht zur Revolution.

17a. Der in England herrschende (und in Deutschland sich ankündigende) Gewerkschaftssozialismus ist noch nicht Staatssozialismus. Die Teilsozialisierungen, die im wesentlichen aus »ökonomistischen« Gründen (Leistungssteigerung, Rationalisierung, Konkurrenzfähigkeit, Zentralisierung der Verwaltung) oder als politische Bestrafung vorgenommen werden, lassen die entscheidenden Positionen des Kapitals bisher noch intakt (die Stahl- und Eisenindustrie, die chemische Industrie in England). Das Stadium des Staatssozialismus ist erst erreicht, wenn die Regierung die Kontrolle über die gesamte Industrie übernommen und legalisiert hat und das Privatkapital als Eigentümer ablöst. Die Regierung, der Staat – nicht die vereinten Produzenten, die Arbeiterklasse.

18. Der Staatssozialismus ist in seiner gesellschaftlichen Tendenz anti-revolutionär. Die Verfügungsgewalt über die Produktionsmittel ist an den Staat übergegangen, der sie unter Verwendung von Lohnarbeit ausübt. Der Staat hat also die Funktion des »Gesamtkapitalisten« übernommen. Die unmittelbaren Produzenten sind so wenig Herr der Produktion (und damit ihres Schicksals) als unter dem System des liberal-demokratischen Kapitalismus. Sie bleiben den Produktionsmitteln unterworfen. Die Herrschaft über Menschen durch Vermittlung des Produktionsprozesses besteht weiter. Die Allgemeinheit, in deren Interesse die Planwirtschaft entworfen und durchgeführt wird, ist der vorhandene Produktionsapparat, die vorhandene Form der gesellschaftlichen Arbeitsteilung (national und international), und die vorhandenen gesellschaftlichen Bedürfnisse. Sie sind *nicht fundamental verändert worden;* die Ver-

änderung soll erst die allmähliche Folge der Planung sein. Damit erhält aber der *Staatssozialismus die Grundlagen der Klassengesellschaft aufrecht.* Die Abschaffung der Klassen, der Übergang in eine freie Gesellschaft setzt die Veränderung, auf die der Staatssozialismus hinzielt, *voraus.* Der zeitliche Unterschied bezeichnet eine qualitative *Differenz.*

19. Der vom Kapitalismus überlieferte Produktionsapparat, in der vorhandenen Form der Arbeitsteilung und mit Lohnarbeit weiterbetrieben, perpetuiert die vorhandenen Formen des Bewußtseins und der Bedürfnisse. Sie perpetuieren Herrschaft und Ausbeutung, selbst wenn die Kontrolle über den Produktionsapparat an den Staat übergeht, d. h. an eine *Allgemeinheit, die selbst eine der Herrschaft und Ausbeutung ist.* Vor der Revolution ist die Allgemeinheit kein Faktor des Sozialismus: ihre Herrschaft ist nicht freier und nicht notwendigerweise vernünftiger als die des Kapitals. Der Sozialismus meint eine bestimmte Allgemeinheit: die freier Menschen. Bis die entfaltete kommunistische Gesellschaft wirklich geworden ist, kann die Gestalt der Allgemeinheit nur die Herrschaft der revolutionären Arbeiterklasse sein, weil nur diese Klasse alle Klassen aufheben kann, nur sie die faktische Macht hat, die bestehenden Produktionsverhältnisse und ihren gesamten Apparat abzuschaffen. Das erste Ziel der kommunistischen Diktatur über das Proletariat (= 16) muß die Auslieferung des Produktionsapparats an das Proletariat sein: die Räte-Republik.

20. Dieses Ziel, und die ganze mit ihm verbundene Politik, ist heute auf dem Programm keiner kommunistischen Partei. Es ist unversöhnlich mit der Sozialdemokratie. Seine Aufstellung ist in der gegebenen Situation rein theoretisch. Diese Trennung von Theorie und Praxis ist von der Praxis selbst gefordert und bleibt an ihr orientiert. D. h. *negativ,* die Theorie verbündet sich mit keiner *anti-kommunistischen Gruppe oder Konstellation.* Die kommunistischen Parteien sind und bleiben die einzige anti-faschistische Macht. Ihre Denunziation muß eine rein theoretische sein. Sie weiß, daß die Verwirklichung der Theorie nur durch die kommunistischen Parteien möglich ist und der Hilfe der Sowjetunion bedarf. Dies

Bewußtsein muß in jedem ihrer Begriffe enthalten sein. Mehr: In jedem ihrer Begriffe muß die Denunziation des Neo-Faschismus und der Sozialdemokratie die der kommunistischen Politik überwiegen. Die bürgerliche Freiheit der Demokratie ist besser als totalitäre Regimentierung, aber sie ist buchstäblich erkauft mit Jahrzehnten verlängerter Ausbeutung und verhinderter sozialistischer Freiheit.

21. Die Theorie selbst steht vor *zwei Hauptaufgaben:* die *Analyse* der Verbürgerlichung (§§ 12-15) und die Konstruktion des Sozialismus. Die Gründe, die Marx bewogen haben, eine solche Konstruktion zu unterlassen, müssen heute zurücktreten vor dem Unheil, das die falschen und semi-sozialistischen Konstruktionen anrichten. *Die Konstruktion des Sozialismus steht* vor der Aufgabe, sich mit der Zwei-Phasen-Theorie oder der Unterscheidung von Sozialismus und Kommunismus auseinanderzusetzen, die heute die Diskussion beherrscht. Diese Theorie gehört selbst schon zu der Periode der Verbürgerlichung und der Sozialdemokratie, als ein Versuch, diese Phänomene in die ursprüngliche Konzeption hineinzuziehen und die Konzeption gegen sie zu retten. Sie setzt ein »Hervorgehen« der sozialistischen aus der kapitalistischen Gesellschaft voraus, und ein Hineinwirken der letzteren in den Sozialismus. Sie akzeptiert, für die erste Phase, das Fortbestehen der Unterwerfung der Arbeit unter die Arbeitsteilung, das Fortbestehen der Lohnarbeit und der Herrschaft des Produktionsapparates. Sie bleibt orientiert an der Notwendigkeit des technologischen Fortschritts. Sie kann die gefährliche Auffassung bestärken, daß der Sozialismus, was die Entwicklung der Produktivkräfte und die »efficiency« anbetrifft, ein gesteigerter Kapitalismus ist, daß die sozialistische Gesellschaft die kapitalistische »überbieten« muß.

22. Die Zwei-Phasen-Theorie hat ihre geschichtliche Berechtigung gefunden in dem Kampf der Sowjetunion gegen die kapitalistische Umwelt, in der Notwendigkeit des »Aufbaus des Sozialismus in einem Lande.« Sie rechtfertigt die Nichtexistenz des Sozialismus in dieser Situation. Darüber hinaus ist sie falsch. Indem sie die kapitalistische Rationalität akzeptiert, spielt sie der alten Gemeinschaft

die Waffen gegen die neue Gesellschaft in die Hand: Der *Kapitalismus hat die bessere Technologie und den größeren Reichtum (technologisch);* diese Grundlage gestattet es ihm auch, *die Menschen* besser leben zu lassen. Die sozialistische Gesellschaft kann das nachmachen und überbieten, nur wenn sie auf das kostspielige Experiment der Abschaffung der Herrschaft verzichtet und die kapitalistische Entwicklung der Produktion und der Produktivität der Arbeit nachmacht und überbietet, d. h. die Unterordnung der Lohnarbeit unter den Produktionsapparat. Rebus sic standibus wird der Sprung in den Sozialismus eine sinnlose Angelegenheit.

23. Dem gegenüber kann die Zwei-Phasen-Theorie nur einen Wechsel auf die Zukunft ausstellen. Sein Wert ist für die von der Gewerkschaftsideologie erfaßte Europäische und Amerikanische Arbeiterschaft sehr gering: Auch hier hat der Positivismus triumphiert. Und der Wert wird geringer, je länger die »erste Phase« dauert. Ihre Verlängerung züchtet wiederum in den von ihr betroffenen Arbeitern einen Geist der Unterordnung und Anpassung, der selbst die Perpetuierung der »ersten Phase« besorgt und die revolutionäre Haltung austreibt. Unter diesen Umständen kann das Ende der »ersten Phase« und der Übergang zum Kommunismus nur noch als Wunder oder als das Werk äußerer, fremder Kräfte erscheinen. (siehe 7.)

24. Die Konstruktion des Sozialismus hat weniger sein »Hervorgehen« aus dem Kapitalismus als seine Differenz zum Kapitalismus in den Mittelpunkt der Diskussion zu stellen. Die sozialistische Gesellschaft ist als die bestimmte *Negation* der kapitalistischen Welt darzustellen. Weder die Verstaatlichung der Produktionsmittel, noch ihre bessere Entwicklung, noch der höhere Lebensstandard sind diese Negation. Wohl aber die Abschaffung der Herrschaft, der Ausbeutung und der Arbeit.

25. Die Vergesellschaftung der Produktionsmittel, ihre Verwaltung durch die »unmittelbaren Produzenten« bleibt die Vorbedingung des Sozialismus. Sie ist sein erstes Kennzeichen: Wo es fehlt, da ist keine sozialistische Gesellschaft. Aber die vergesellschafteten Pro-

duktionsmittel sind noch die des Kapitalismus: Sie sind vergegenständlichte Herrschaft und Ausbeutung. Nicht nur im rein ökonomischen Sinne. Was mit ihnen produziert wurde, trug den Stempel des Kapitals: Er ist auch den Konsumgütern aufgedrückt. Gewiß, eine Maschine ist nur eine Maschine; erst der Prozeß der Lohnarbeit macht sie zu *Kapital.* Aber als Kapital haben die gegebenen Produktionsmittel auch die Bedürfnisse, Gedanken und Gefühle der Menschen geformt, den Horizont und den Inhalt ihrer Freiheit bestimmt. Die Vergesellschaftung als solche ändert weder den Horizont noch den Inhalt: Wenn bruchlos weiterproduziert wird, wird auch reproduziert, was vor dem Augenblick der Vergesellschaftung da war. Die angewöhnten Bedürfnisse wirken in den neuen Zustand hinein und auf die vergesellschaftete Produktion zurück. Die Vergesellschaftung der Produktionsmittel wird zum Sozialismus nur in dem Masse, als die Produktionsweise selbst zur Negation der kapitalistischen wird.

26. Dazu gehört zunächst die Abschaffung der Lohnarbeit. Die bürokratisch-staatliche Verwaltung der Produktionsmittel schafft die Lohnarbeit nicht ab. Das ist erst der Fall, wenn die Produzenten selbst unmittelbar die Produktion verwalten, d. h. selbst bestimmen, was, wieviel, und wie lange produziert wird. Dieser Schritt ist, unter den Bedingungen der modernen Ökonomie, wahrscheinlich gleichbedeutend mit dem Übergang zur Anarchie und Desintegration. Und gerade diese Anarchie und Desintegration ist wahrscheinlich der einzige Weg, die kapitalistische Reproduktion im Sozialismus zu brechen, das Interregnum oder sogar das Vakuum zu schaffen, in dem die Veränderung der Bedürfnisse, die Entstehung der Freiheit sich vollziehen kann. Die Anarchie würde die Abschaffung der Herrschaft ankünden, und die Desintegration würde die Macht des Produktionsapparats über die Menschen beseitigen. Oder wenigstens die größte Chance einer totalen Negation der Klassengesellschaft bedeuten.

27. Wenn die Arbeiter selbst die Produktion in die Hand nehmen (und sich nicht wieder sofort einer neuen Herrschaftsbürokratie unterordnen), werden sie vielleicht zunächst die Arbeitssklaverei

abschaffen, d. h. die Arbeitszeit verkürzen. Und sie werden dann vielleicht auch das zu produzieren beschließen, was ihnen an den verschiedenen Orten am wichtigsten erscheint. Damit würde sich automatisch die nationale Ökonomie in ihrer integrierten Gestalt auflösen, der Produktionsapparat würde in einzelne Teile zerfallen, die technische Maschinerie vielfach unausgenützt bleiben. Eine rückläufige Bewegung würde eintreten, welche nicht nur die nationale Ökonomie aus der Weltwirtschaft herausbrechen, sondern auch im Lande Verarmung und Not bringen würde. Aber die Katastrophe zeigt an, daß die alte Gesellschaft wirklich aufgehört hat zu funktionieren: Sie kann nicht vermieden werden.

28. Das würde heißen, daß der Sprung in den Sozialismus den Sprung in einen niedrigeren Lebensstandard bedeutet, als ihn die kapitalistischen Länder erreicht haben. Die sozialistische Gesellschaft würde auf einer technologisch »überholten« Stufe der Zivilisation anfangen. Das Anfangskriterium der sozialistischen Gesellschaft ist kein technologisches – es ist der Fortschritt in der Verwirklichung der Freiheit der Produzenten, der sich seinerseits in einer qualitativen Veränderung der Bedürfnisse ausdrückt. Der Wille zur Abschaffung der Herrschaft und der Ausbeutung erscheint als Wille zur Anarchie.

29. Der Beginn des Sozialismus auf einer »überholten« Stufe der Zivilisation ist nicht »Rückständigkeit«. Von dem Beginn der Sowjetgesellschaft unterscheidet ihn die Tatsache, daß der Rückschlag keine ökonomische Notwendigkeit ist (bedingt durch den technischen Stand der Produktion), sondern ein Akt der revolutionären Freiheit, eine bewußte Unterbrechung der Kontinuität. Der vorhandene Produktions- und Verteilungsapparat wird von den Arbeitenden suspendiert, nicht ausgenutzt, vielleicht sogar zum Teil zerstört. Wenn das Proletariat den Staatsapparat nicht einfach »übernehmen« kann, weil er seiner ganzen Struktur nach ein Unterdrückungsapparat ist, so gilt dasselbe auch von dem modernen Produktionsapparat. Seine Struktur erfordert eine spezialisierte und differenzierte Bürokratie, die notwendigerweise Herrschaft per-

petuiert, und eine Massenproduktion, die notwendigerweise zur Standardisierung und Manipulierung (Regimentierung) führt.

30. Das Problem der Verhinderung einer staatssozialistischen Bürokratie muß als ökonomisches Problem angesehen werden. Die Bürokratie hat ihre gesellschaftlichen Wurzeln in der (technologischen) Struktur des Produktionsapparats; die Beseitigung ihrer herrschaftsmäßigen Form setzt die Veränderung dieser Struktur voraus. Eine allgemeine sozialistische Erziehung würde gewiß die spezialisierten Funktionen auswechselbar machen und so die Herrschaftsform der Bürokratie brechen, aber eine solche Erziehung kann nicht selbst unter einer installierten Herrschaftsbürokratie erfolgen. Sie muß der funktionierenden Bürokratie vorausgehen – nicht sie ablösen. Solche Erziehung ist nur möglich, wenn der herrschaftsmäßig strukturierte Produktionsapparat den Produzierenden zum »Experimentieren« ausgeliefert wird. Die rationale Autorität, die dieses Experimentieren leiten muß, muß unter der unmittelbaren Kontrolle der Produzierenden bleiben.

31. Die revolutionäre Desintegration des kapitalistischen Produktionsapparats wird auch die Organisationen der Arbeiterschaft desintegrieren, die zu einem Bestandteil dieses Apparats geworden sind. Die Gewerkschaften sind nicht nur Organe des Bestehenden, sondern auch der Erhaltung des Bestehenden in den neuen Formen des Staatssozialismus und Sowjetismus. Ihr Interesse ist an das Funktionieren des Produktionsapparats gebunden, dessen (zweitklassige) Partner sie geworden sind. Sie mögen den Herren wechseln, aber sie brauchen einen Herrn, mit dem sie das Interesse an der zähmenden Lenkung der organisierten Arbeiterschaft teilen.

32. Während die Gewerkschaften in ihrer traditionellen Struktur und Organisation eine revolutionsfeindliche Kraft darstellen, bleibt die politische Arbeiterpartei das notwendige Subjekt der Revolution. In der ursprünglichen Marxschen Konzeption spielt die Partei keine entscheidende Rolle. Marx nahm an, daß das Proletariat von sich aus, in Erkenntnis seiner eigenen Interessen zum revolutionären Handeln getrieben wird, sobald die revolutionären Bedingun-

gen gegeben seien. Inzwischen hat der Monopolkapitalismus Mittel und Wege gefunden, die Majorität des Proletariats ökonomisch, politisch, und kulturell gleichzuschalten (§§ 12-15). Die Aufhebung dieser Gleichschaltung *vor* der Revolution ist unmöglich. Die Entwicklung hat die Richtigkeit der Leninschen Konzeption von der avantgardistischen Partei als dem Subjekt der Revolution bestätigt. Es ist wahr, daß die kommunistischen Parteien heute *nicht* dieses Subjekt sind, aber es ist ebenso wahr, daß nur sie es werden können. Nur in der Theorie der kommunistischen Parteien ist noch die Erinnerung an die revolutionäre Tradition lebendig, die wieder zur Erinnerung an das revolutionäre Ziel werden kann; nur ihre Situation ist so sehr außerhalb der kapitalistischen Gesellschaft, daß sie wieder zur revolutionären Situation werden kann.

33. Die politische Aufgabe würde dann darin bestehen, in den kommunistischen Parteien die revolutionäre Theorie wiederherzustellen und für die ihr entsprechende Praxis zu arbeiten. Die Aufgabe scheint gegenwärtig unmöglich. Aber vielleicht ist die relative Unabhängigkeit vom Sowjetischen Diktat, die diese Aufgabe erfordert, als Möglichkeit in den kommunistischen Parteien Westeuropas und Westdeutschlands gegeben.

VIII

Ist eine freie Gesellschaft gegenwärtig möglich?*

Wir wollen zunächst klären, um welche Probleme es hier eigentlich geht. Das grundlegende Problem liegt nicht in der Wahl zwischen zwei unterschiedlichen Formen des Kapitalismus oder in den Vorteilen einer Planwirtschaft oder in der Möglichkeit, die Demokratie funktionsfähig zu erhalten. Das grundlegende Problem liegt in der unwiderruflichen Entscheidung für die menschliche Freiheit. Aber auch dies bedarf der Klärung. Kürzlich wurde ein Buch veröffentlicht, das sich ausschließlich mit der Bedeutung von Freiheit beschäftigt. An der Diskussion beteiligten sich neben den hervorragendsten amerikanischen Philosophen auch exilierte deutsche Gelehrte, die sich größter Wertschätzung erfreuen. Der wahre Gehalt von Freiheit trat in dem Buch allerdings an keiner Stelle zutage.

* Der Text »Is a free society at present possible« aus dem Jahr 1939 ist ein achtseitiges handgeschriebenes Manuskript. Die auffällig ordentliche Form des Manuskripts, das nur drei kleine Streichungen enthält, läßt den Schluß zu, daß es für einen Abdruck bestimmt war. Der Titel stammt von Marcuse. Es konnte nicht ermittelt werden, in welchem Zusammenhang oder aus welchen Anlaß Marcuse diesen Text geschrieben hat.
Dem Originaltext sind die folgenden Notizen vorangestellt:
»In einer negativen Welt besitzen Tatsachen keine Autorität außer im Zusammenhang einer kritischen Theorie.
Der Wille zur Freiheit die Vorbedingung für Freiheit
Dieser Wille vom Kapitalismus unterdrückt und verzerrt
(wirtschaftliche Freiheit = Unsicherheit; Unterdrückung; Tabus)
Freiheit und Wahrheit
(wirtschaftliche Freiheit = Unsicherheit; Unterdrückung; Tabus)
Freiheit und Wahrheit«

Der Gehalt der Freiheit ändert sich je nach der geschichtlichen Situation. Angesichts der augenblicklichen Lage bedeutet Freiheit die Abschaffung der Konzentrationslager und der Arbeitssklaverei, die Aufhebung der zwangsweisen Einschränkung des Lebensstandards, die Befreiung des Menschen aus der ihrerseits kontrollierten Autorität von Presse, Radio, Werbung, die Verkürzung des Arbeitstages, die Rückkehr zu Nachdenklichkeit und Muße, die Befreiung der unterdrückten Wünsche und Sehnsüchte des Menschen. Der Weg, auf dem dieses Ziel zu erreichen ist, hat sich bis heute nicht geändert: Er besteht in der Verstaatlichung der Produktionsmittel und ihrer Verwaltung unter der ständigen Kontrolle der unmittelbaren Produzenten. Die Niederlage, die ihnen der Faschismus zugefügt hat, ändert nichts an der Tatsache, daß sie, bedingt durch ihre objektive Stellung in der Gesellschaft, als einzige in der Lage sind, den Prozeß der Befreiung zu vollenden und zu gewährleisten. Jedoch hat der Triumph des Faschismus erneut gezeigt, daß die ›Gesetze‹ der gesellschaftlichen Wirklichkeit als Gesetze nur dann funktionieren, wenn der Mensch sie mit seinem Willen und in seiner Praxis ergreift und umsetzt. Anders gesagt, kann es ohne den Willen zur Freiheit und ohne das Bewußtsein der Notwendigkeit, diesen Willen durchzusetzen, keine Freiheit geben. Mangelnder Wille war eine der Ursachen für den Zusammenbruch, den die Sache der Freiheit erlitten hat.

Es handelt sich hierbei nicht um ein psychologisches Phänomen. Die Unterdrückung und Entstellung des Freiheitswillens war das Ergebnis jener sozialen und ökonomischen Mechanismen, die die moderne Gesellschaft hervorgebracht hat. Sie brachten einen Charaktertypus hervor, der die Unterdrückung vitaler Triebe und Wünsche sowie die Introversion des Verlangens nach vollständiger Befriedigung als Gegebenheiten der gesellschaftlichen Ordnung hinnahm. Zudem konnte die überwiegende Mehrheit der Menschen die Freiheit in der konkreten Gestalt, die sie in dieser Gesellschaft angenommen hatte, nicht als erstrebenswertes Ziel ansehen. Zwar wurde sie als natürliches und unveräußerliches Menschenrecht gepriesen, äußerte sich jedoch in erster Linie als ökonomische Freizügigkeit, als uneingeschränkte Möglichkeit, zu kaufen und zu verkaufen, Verträge abzuschließen und das je eigene Besitztum zu nutzen und zu mehren. Genau diese Freiheit verwandelte die Massen der befreiten Bauern und Handwerker in Fabrikarbeiter und unterwarf die Warenbesitzer dem Diktat des Marktes. In der weiteren Entwicklung dieses Wirtschaftssystems wurde Freiheit in zunehmendem Maße entweder zur Freiheit der Wahl zwischen Lohnarbeit und Hungertod, oder sie nahm die Form allgemeiner Unsicherheit und Anarchie an. Kein Wunder, daß die Massen sich leicht für ein System begeistern ließen, in dem diese Art von Freiheit durch kontrollierte Sicherheit ersetzt wurde. Sie verzichteten auf die Vertragsfreiheit zugunsten eines sicheren Arbeitsplatzes und auf die Investitionsfreiheit zugunsten eines sicheren Einkommens.

Allerdings gewährte die moderne Gesellschaft über den Wirtschaftsliberalismus hinaus noch weitere Freiheiten vorwiegend kultureller Provenienz: Gedankenfreiheit, Religionsfreiheit, Freiheit der Lehre usw. Unter Bedingungen, die die tatsächliche Entwicklung des Individuums verhinderten, wurde die kulturelle Freiheit logischerweise zur Voraussetzung dafür, zumindest das Bild der wirklichen Freiheit zu bewahren; und die Beseitigung dieser Freiheiten ist in jedem Falle ein Schritt hin zur Barbarei. Erst das Leben im autoritären Staat hat gezeigt, was es heißt, das Individuum seiner Privatsphäre und seiner Innerlichkeit zu berauben und ihm damit eben den Raum zu nehmen, in dem es vor den Schrecken seiner sozialen Existenz sicher ist. Wie wir heute wissen, sind die Gedanken nicht ›von Natur aus‹ frei, und Vorstellungen, Gefühle, Wahrnehmungen können durch Autoritäten so ›organisiert‹ werden, daß die Menschen, ihrer eigenen Gefühle und Begriffe beraubt, nur noch das denken und fühlen, was ihnen vorgeschrieben wird. Wir wissen heute auch, daß in den christlichen Freiheitsideen – wie etwa der Gewissensfreiheit – die wirkliche Freiheit zum Teil enthalten war. Aber mit den Widersprüchen des Wirtschaftsliberalismus entfalten sich auch die seines kulturellen Pendants, und die Gedankenfreiheit arbeitet an ihrer eigenen Zerstörung. Genau hier muß die Kritik am Positivismus einsetzen.

Sie muß an diesem Punkt einsetzen, weil es eine wesentliche Verbindung zwischen Freiheit und Wahrheit gibt, und weil jede falsche Auffassung von Wahrheit zugleich eine falsche Auffassung von Freiheit ist. Die kulturellen Freiheiten haben sich zu einem existentiellen Relativismus und Nihilismus hin entwickelt, der vorgeblich zutiefst um die Wahrheit bemüht ist, während er tatsächlich ihr Fundament und damit zugleich das Fundament der Freiheit zerstört. Um die schädliche Funktion des Positivismus verstehen zu können, müssen wir zunächst klären, welche Verbindung zwischen Freiheit und Wahrheit besteht.

Wir gehen dabei von der Tatsache aus, daß Freiheit unvereinbar ist mit Unwissenheit. Eine Person, die nicht weiß, wie sie ihre grundlegenden Lebensverhältnisse regeln soll, würden wir nicht für frei halten. Wir meinen damit nicht eine bloße körperliche Unfähigkeit oder mangelnde Geschicklichkeit. Keine Person ist frei, die nicht aus eigenem Denken und Willen heraus die Ziele ihres Handels bestimmt und ihre existentiellen Verhältnisse gemäß den Zielen ihres Handelns formt. Damit ist jedoch über den positiven Gehalt von Freiheit noch nichts gesagt. Es ist keineswegs gleichgültig, welche Ziele sich der Wille setzt, und ein freier Wille ist nicht notwendigerweise mit Freiheit gleichzusetzen. Wer sich Unterdrückung zum Ziel setzt, ist ebensowenig frei wie derjenige, der sich freiwillig einer tyrannischen Autorität unterordnet. Nur der Wille ist frei, der tatsächlich die Freiheit will; Freiheit schließt, anders gesagt, jede Form der Unterdrückung und Abhängigkeit aus und ist ein wahrhaft ›universeller‹ Begriff. Seine Verwirklichung aber erfordert eine bestimmte gesellschaftliche und politische Ordnung. Gerade aufgrund ihrer Universalität kann Freiheit nur in einer besonderen Gesellschaftsform verwirklicht werden. Deren Organisationsprinzipien liegen keineswegs auf der Hand; um sie und damit zugleich die möglichen Bedingungen ihrer Verwirklichung herauszuarbeiten, bedarf es einer Analyse der vorherrschenden sozialen und ökonomischen Mächte sowie ihrer Entwicklungsgesetze und Transformationsbedingungen.

Dergestalt besitzt Freiheit immer eine bestimmte Form und einen bestimmten Inhalt. Freiheit kann nicht zur gleichen Zeit unterschiedliche Formen und Inhalte annehmen – und zwar nicht aus irgend einem logischen Grund, sondern weil die Welt gegenwärtig dem Zugriff eines einzigen Produktionssystems ausgesetzt ist, das alle nationalen und natürlichen Differenzen dem einheitlichen Prozeß abstrakter Arbeit unterworfen hat. Die Nutzung der materiellen und geistigen Produktivkräfte im Interesse und unter der Leitung der vereinigten Individuen – die gegenwärtige Grundlage der Freiheit – kann in den verschiedenen Regionen der Erde eine den jeweils vorherrschenden kulturellen und technischen Bedingungen angepaßte Form annehmen, ihr Inhalt verändert sich dabei jedoch nicht.

Wie ließe sich die Richtigkeit dieser Behauptungen beweisen? Handelt es sich dabei nicht lediglich um subjektive Werturteile? Sie beruhen auf einer Annahme, die sich nie beweisen lassen wird, nämlich der, daß die Menschen frei sein *sollten*. Dieses ›sollten‹ ist zwar, mit positivistischen Kriterien gemessen, keine wissenschaftliche Behauptung, aber es ist die Voraussetzung allen Denkens und die Bedingung der Wissenschaft selbst. Wenn der Mensch ein denkendes Wesen ist, und wenn das Denken in seinem Leben, wiewohl vielleicht bedauerlicherweise, eine entscheidende Rolle spielt, dann ist damit zugleich gesagt, daß sein Denken ihn zu bestimmten Vorstellungen führt, die über die einfachen Tatsachen seiner Erfahrung hinausweisen. Sie gehen zusammen mit den aus der Erfahrung stammenden Vorstellungen in Urteile ein, die seine Handlungen – implizit oder explizit – determinieren. Der Mensch wird, anders gesagt, durch das Denken befähigt, über die gegebenen Tatsachen hinauszugehen und sie in Übereinstimmung mit seinen Vorstellungen zu verändern. Die gesamte Tradition der westlichen Philosophie betrachtet Wahrheit als Eigenschaft von Urteilen und Behauptungen, also als etwas vom Denken Abhängiges, in dessen Begriff zugleich das ›Wesen‹ der Dinge beschlossen liegt. Das bedeutet, daß das Denken des Menschen über die wirkliche Form der Dinge verfügt, so daß die Form, in der Dinge faktisch gegeben sind und wahrgenommen werden, noch nicht ihre Wirklichkeit darstellt. Es bedeutet weiter, daß dieses Gedankenbild der Wirklichkeit eine objektive Möglichkeit darstellt und daß die Menschen die Aufgabe haben, diese Möglichkeit zu verwirklichen. Wenn der Mensch ein denkendes Wesen und das Denken der Ort der Wahrheit ist, muß der Mensch die Freiheit besitzen, sich vom Denken leiten zu lassen und das zu verwirklichen, was er als wahr erkannt hat.